J.-B. ASTIER

HISTOIRE
DE
CHARLEVAL

MARSEILLE
LIBRAIRIE P. RUAT
54, Rue Paradis, 54

1908

HISTOIRE DE CHARLEVAL

Pèr aguè la nouèio
Fau roumpre la gruèio.

OUVRAGES DU MÊME AUTEUR

VICTOR GELU INTIME. — Lucien Niel, Aix. (Epuisé).

DINS LA CARRIERO, *recueil de sonnets en provençal.* — Ruat, Marseille. Prix : 0.75 c.

REBOUSCAGI, *poème en provençal avec traduction française de Guy de Canolle* (épuisé).

EN SOUSCRIPTION :

JOSEPH SOUMY, *peintre et graveur* (en collaboration avec Philippe Auquier, conservateur du Musée des Beaux-Arts). 15 planches hors texte. Prix : sur papier vergé : 7 fr. 50 ; sur papier Hollande : 10 fr.

EN PRÉPARATION :

HISTOIRE DU TERROIR MARSEILLAIS.

NIOUSELLO, *poème en provençal.*

MESCLADISSO, *poésies provençales.*

J.-B. ASTIER

Histoire

de

Charleval

MARSEILLE

LIBRAIRIE P. RUAT

54, Rue Paradis, 54

1908

Cet ouvrage a obtenu la première récompense (une médaille de vermeil), au concours de la Société de Statistique de Marseille en 1905.

Il a été honoré d'une subvention du Conseil général des Bouches-dn-Rhône (séance du 10 juin 1908) et d'une autre de la commune de Charleval en 1907.

INTRODUCTION

ONDÉ en 1741 par César de Cadenet sur
sa terre de Valbonnette, Charleval n'a
aucun de ces vieux titres de noblesse
qui font la gloire d'un pays. Ses chartes, ses
parchemins n'ont jamais exercé la sagacité des
érudits. Les Romains n'y laissèrent aucun monument; les Sarrasins ne l'ont pas dévasté : comme
les peuples heureux Charleval n'a pas d'histoire.
Aussi, la présente étude devait-elle primitivement se borner à la seule localité de Charleval,
aux accroissements successifs de ce charmant
village et aux circonstances particulières qui
présidèrent à sa formation. L'intérêt ne devait

pas être bien grand pour le lecteur, Charleval étant relativement moderne et par cela même pauvre en événements historiques : une simple *Notice* devait suffire.

Mais en approfondissant nos recherches nous avons vu peu à peu le cadre de notre sujet s'agrandir. La précision des faits, leur multiplicité en ce qui concerne l'ancienne importance de la seigneurie de Valbonnette, nous amenèrent à constater l'existence — au moyen âge — d'une cité qui, sous le nom de *Valbonnette*, joua un certain rôle dans l'histoire de la Provence. Quelle était cette Valbonnette ? Etait-ce un ancien municipe romain, un bourg fortifié ou une simple communauté ? Sa fondation fut-elle l'œuvre des Phocéens, des Romains, ou bien l'effet naturel des progrès de la féodalité ?

Toutes ces questions nous nous les sommes posées et, puisant à toutes les sources accessibles à nos recherches, nous avons essayé d'y répondre, sinon complètement, du moins en grande partie et tout autant qu'il y avait un rapport immédiat avec l'*Histoire de Charleval*.

Il importait, par exemple, de consacrer quelques pages à la description du territoire primitif. De même qu'il était utile de signaler toutes les transformations subies par la seigneurie de Valbonnette avant de constituer la presque totalité de la superficie actuelle de la commune de Charleval.

En dehors de l'intérêt historique présenté par l'ancienneté de Valbonnette, tout un chapitre, basé sur une documentation inédite, est réservé aux canaux de Craponne et de Marseille. Enfin, l'abondance des renseignements recueillis sur les anciens fiefs de La Royère, Bonneval et Sainte-Croix nous a permis de faire de chacun d'eux l'objet d'une étude spéciale. Tout cela forme autant d'histoires particulières qui venant se greffer sur celle de Charleval en ont singulièrement augmenté l'importance, tout en compliquant notre tâche.

Il nous a donc fallu renoncer à notre premier projet d'écrire une simple *Notice* pour donner à notre travail des proportions plus grandes comme cette monographie le prouve. Il en est résulté une œuvre assurément plus complète, mais qui eût exigé une plume autrement experte, des connaissances plus approfondies que les nôtres. Puissions-nous, en cédant au concours de circonstances signalé plus haut, n'avoir pas trop présumé de nos forces.

J.-B. A.

Marseille, le 22 janvier 1905.

CHAPITRE PREMIER

Le Territoire de Valbonnette

Origines du fief. — Sa formation géologique.
— Description du territoire. — Acte de
donation de la montagne de Goiron et de la
paroisse de Valbonnette. — Intervention
de l'abbaye de Silvacane. — Charles d'Anjou
cède la seigneurie de Valbonnette aux
Evêques de Marseille.

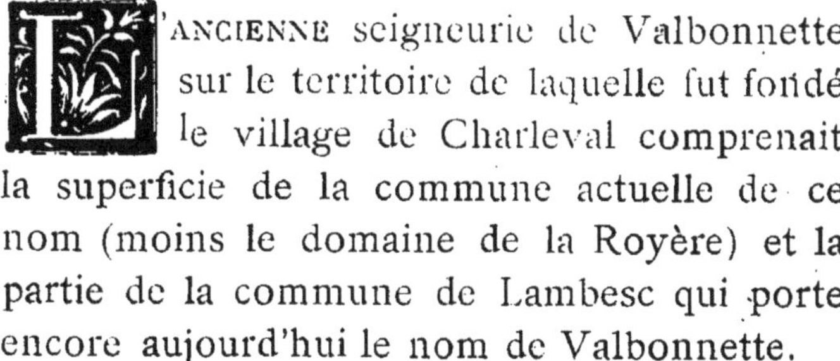

L'ANCIENNE seigneurie de Valbonnette
sur le territoire de laquelle fut fondé
le village de Charleval comprenait
la superficie de la commune actuelle de ce
nom (moins le domaine de la Royère) et la
partie de la commune de Lambesc qui porte
encore aujourd'hui le nom de Valbonnette.

Les plus anciens documents consultés sur sa

formation remontent au IXe siècle, au moment
où, profitant de la faiblesse des successeurs de
Charlemagne, Boson, gouverneur de la Provence, vient de se rendre indépendant. Le
nouveau roi, pour consacrer son usurpation et
consolider sa royauté naissante, voulut — imi-
tant l'exemple des rois francs — distribuer des
terres à ses fidèles. « ...Les seigneurs à qui
elles échurent y bâtirent des châteaux, coupè-
rent les bois et défrichèrent le sol. C'est de
cette époque que datent plusieurs fiefs du territoire de Lambesc, entre autres celui de Valbonnette » (1).

Le nouveau fief se présente sous deux aspects
bien différents. Au Sud, la partie montagneuse
avec sa végétation alpestre. Au Nord, la plaine
jusqu'à la Durance, mais une plaine inculte,
traversée par de nombreux marécages : c'est
l'ancien lit de la Durance. La rivière, on le sait,
allait autrefois — par la trouée de Lamanon —
se jeter dans la Crau qui originairement était
un golfe (2); c'est, à peu de choses près, le cours
actuel du canal de Craponne pour la construction duquel on aurait — d'après les auteurs de

---

(1) Villeneuve. *Statistique des Bouches-du-Rhône*. Tome
II, page 930.
(2) Id. Tome I, pages 5, 41, 67, 68.

la *Statistique* — utilisé le lit primitif de la Durance (1).

Nous ne pourrions poursuivre plus avant cette description de l'ancien territoire de Valbonnette, sans donner un rapide aperçu des révolutions géologiques qui présidèrent à sa formation. Pour cela nous commencerons au moment où encore ensevelie sous les eaux de la mer dite *Nummilitique*, la Provence n'existe pour ainsi dire pas.

Les Alpes, déjà émergées, dressent dans l'horizon leur importante masse : c'est le continent le plus voisin de notre région. Au nord, une double ligne d'îles parallèlement opposées et allant de l'Est à l'Ouest précise l'emplacement futur des chaînes du Lubéron et de la Trévaresse dont ces îles représentent les points culminants. La mer, en se retirant graduellement, laisse après elle des couches de plus en plus épaisses de sédiment, bases géologiques des futurs terrains. Puis, apparaît la magnifique vallée, par où la Durance, après bien des difficultés vaincues, trouve enfin son écoulement naturel. Cette rivière n'est pas encore un

---

(1) Villeneuve. *Statistique des Bouches-du-Rhône*. Tome I, pages 6, 91, 107, 508. Tome II, page 180.

affluent du Rhône, mais un véritable fleuve allant par la trouée de Lamanon se jeter dans la mer.

Sous l'action des violentes convulsions dont la terre est alors agitée, le sol tordu et disloqué se crevasse ou s'exhausse, modifiant sans cesse l'aspect du pays. A Rognes, le volcan de Beaulieu est en pleine activité et, comme si ce n'était assez de tous ces bouleversements terrestres, la mer se précipitant par la trouée de Lamanon, remonte la vallée de la Durance inondant à nouveau toute la contrée.

Cet envahissement de la mer dura probablement des siècles et, lorsqu'à la suite des mêmes phénomènes géologiques qui les avaient amenées, les eaux se furent retirées, le relief du sol se trouva encore une fois modifié (1). Ainsi, la Durance après avoir détaché du Lubéron la colline de Mallemort (2), avait abandonné son ancien cours pour devenir tributaire du Rhône où elle allait se jeter en passant par Saint-Remy.

Comme on vient de le voir, la plaine, à ces

(1) Les nombreux coquillages, dents de squales ou de poissons trouvés en abondance au Vernègues et à Rognes attestent la longue présence de la mer dans ces parages. Nous possédons une importante collection de ces fossiles.

(2) Villeneuve. *Statistique des Bouches-du-Rhône*. Tome I, page 59.

époques lointaines, n'existait pas, mais la Durance couvrant inégalement toute la vallée jusqu'à Mallemort et Lamanon. De lit proprement dit, la rivière n'en avait pas, et, lorsque les auteurs de la *Statistique* prétendent qu'on utilisa l'ancien lit de la Durance pour la construction du canal de Craponne, ils n'entendent certes pas parler de cuvette, d'encaissement de la rivière, mais de la direction générale qu'elle suivait lorsqu'elle se dirigeait sur Lamanon. Adam de Craponne sut très bien tirer partie de cette pente naturelle et si son canal ne comporte aucun ouvrage d'art, il ne faut pas en chercher ailleurs la raison. Ce n'est que plus tard, après avoir réussi à se frayer un passage à travers le Lubéron — séparant à tout jamais de cette chaîne celle des Alpilles — que la Durance adoptant son cours actuel, mit à découvert la plaine jusque-là submergée.

Le nouveau territoire plus bas que les champs cultivés d'aujourd'hui offre à ce moment un aspect bien désolé, car de vastes marécages et de nombreux cailloux en sillonnent toute l'étendue. Ces débris de roches, broyés, roulés depuis les Alpes, prouvent les laborieux efforts que la rivière dut faire pour rompre les obstacles naturels rencontrés sur son parcours.

L'ancien lit de la Durance ainsi laissé à découvert ne tarda pas à se modifier. Le limon se durcit, formant une croûte compacte que les dépôts d'alluvions résultant des fréquents débordements de la rivière vinrent sans cesse accroître. Puis, soit par l'effet des eaux courantes, soit sous-l'action des orages ou par suite de la rupture des bassins supérieurs — peut-être bien par la réunion de toutes ces causes — les vallons de la Trévaresse (1) se creusèrent, les sommets des Côtes se décharnèrent, les penchants des coteaux se désagrégèrent et toute cette terre entraînée par les eaux pluviales ou déposée par les débordements de la rivière, eut bientôt fait de recouvrir complètement les cailloux primitifs (2). Des siècles s'écoulèrent, apportant

---

(1) Les auteurs de la *Statistique des Bouches-du-Rhône* font dériver ce mot du verbe provençal « Trevar » (fréquenter) par allusion à l'ancien chemin qui — partant des salins de Berre pour aller aboutir en face Pertuis — traversait toute la Trévaresse. D'après Ed. Alexis (*Etude sur la signification des noms de communes de Provence*) Trévaresse viendrait du latin « *Trevaritia* » signifiant trois barres de montagnes. En effet, la chaîne de la Trévaresse comprend trois groupes : la Trevaresse proprement dite, le Vernègues et les Costes. Ce dernier nom tire son origine de l'étrange disposition des vallons et sommets qui composent l'ultime groupe dont l'ensemble des arêtes et versants présente assez la forme des côtes d'un immense squelette.

(2) Aujourd'hui encore, en creusant le sol, dans le village même de Charleval on trouve — à plusieurs mètres de profondeur — des galets absolument semblables à ceux de la Durance.

chacun de nouvelles couches de terre végétale ;
les marais se comblèrent ou se desséchèrent en
partie jusqu'à ce qu'enfin nous arrivions au IXe
siècle, point de départ de notre Histoire.

Quels furent les premiers possesseurs du fief
de Valbonnette ? — Si l'on en juge par l'extrême
morcellement de cette seigneurie, morcellement
constaté un siècle seulement après le partage
de la Provence par Boson, ils durent être nombreux. Un des plus anciens titres faisant mention de Valbonnette est l'acte de donation de la
montagne de Goiron consenti en 1048 en faveur
du moine André... « Moi, Theubert et mon fils,
« etc..., nous donnons les églises situées sur la
« montagne de Goiron . nous donnons la
« montagne elle-même, avec toutes ses terres
« cultes ou incultes qui entourent les églises
« ainsi données, avec les tasques, la dîme et
« le droit de justice. Nous donnons aussi l'é-
« glise de Saint-Jean avec la paroisse située
« à Valbonnette. Dans les terres de Valbon-
« nette, au lieu appelé Lauron, nous donnons
« 12 émines de terre... » (1).

Il résulte de la lecture de ce document que

______

(1) *Histoire de l'Abbaye Cistercienne de Silvacane* d'après
les documents recueillis par le R.-P. Bernard d'Hyères, com-
plétés et mis à jour par le vicomte d'Estienne de Saint-Jean.
page 12.

dès le XI⁰ siècle, Valbonnette formait déjà une paroisse sous le vocable de Saint-Jean.

Le bénéficiaire de l'acte de donation était un pauvre religieux partageant son temps entre la prière et le défrichement de la montagne. Devenu propriétaire, il appela d'autres frères et continua avec eux l'œuvre entreprise.

Les églises dont il est fait mention plus haut à propos de la montagne de Goiron, étaient toutes les deux situées sur le plateau appelé aujourd'hui Manivert « ...A l'Est la chapelle de « Sainte-Marie, encore debout sous le nom « d'ermitage de Sainte-Anne (1), à l'Ouest, la « chapelle ou église de St-Michel qui n'existe « plus... Une seule église devait suffire au « minime troupeau perdu dans ce désert ; on « ne se préoccupa donc pas d'entretenir celle « de l'Ouest dédiée à Saint-Michel et tous les « soins se concentrèrent sur celle de Sainte- « Marie qui réédifiée en bel appareil est parve- « nue jusqu'à nous à peu près intacte. Il ne reste « plus de vestiges de maisons sur le plateau, « mais les traces d'une habitation ancienne y

---

(1) Lieu de pèlerinage fréquenté de nos jours par les habitants des communes voisines. La chapelle fut mise sous le vocable de Sainte-Anne vers l'an 1400.

« abondent ; pièces de monnaie (1), briques,
« fragments divers ainsi que des tombes
« creusées dans le roc. Du côté de l'église
« Sainte-Anne principalement et dans la direc-
« tion de la ferme en ruines de la Baume se
« trouvent des citernes vers lesquelles une
« canalisation encore très visible faisait con-
« verger les eaux. Les cénobites devaient vivre
« là dans des cellules séparées selon l'usage
« des ascètes d'Orient. Sous leurs intelligents
« efforts la montagne abaissa quelques-unes de
« ses aspérités » (2).

Un siècle après, l'abbaye de Silvacane devint
à son tour possesseur de tous les biens énu-
mérés plus haut et cela en vertu d'un acte de
donation consenti en 1155 par Pons, abbé de
Saint-André-lez-Avignon, en faveur de Gisla-
bert, abbé de Silvacane. A cette première donation, vint s'ajouter, en 1173, celle de la terre
de Romegas, appartenant au chevalier Guillaume Giraud de Valbonnette (3), puis, en 1184,
celle des terres de Mascotis et de la Conda-

---

(1) En 1821, on a trouvé sur la montagne de Goiron des
restes de constructions romaines et un petit vase de terre cuite
rempli de médailles marseillaises (Villeneuve. *Statistique
des Bouches-du-Rhône*, tome II, page 334.

(2) *Histoire de Silvacane* (ouvrage cité) page 14.

(3) *Histoire de Silvacane* (ouvrage cité) page 25.

mine d'Arimont sises au lieu dit Brégaux ou Brégançon données par Pierre de Pannebos, fils de Raymond, chevalier seigneur de Valbonnette (1). Enfin, l'abbaye acquiert, en 1221, pour la somme de 6000 sols guillermins, la quatrième partie du château de Valbonnette (2).

D'autres donations de ce genre, la grande activité déployée par les moines de Silvacane, leur ardeur à défricher les terres incultes, à combler les marécages, vinrent en peu de temps accroître la fortune territoriale de l'abbaye. Désormais l'histoire de Silvacane nous fournira plus d'un précieux renseignement sur Valbonnette.

Quoique propriétaire de la paroisse de Valbonnette, l'abbaye de Silvacane était loin d'en posséder toutes les terres. C'est ainsi qu'à Valbonnette il y avait un monastère absolument indépendant de celui de Silvacane. Son existence nous est signalée pour la première fois par une transaction passée en 1213 et à la suite de laquelle les moines de Valbonnette cèdent à

---

(1) Comte E. de Grasset. *Inventaire analytique des Chartes des Fonds Ecclésiastiques conservés aux Archives des Bouches-du-Rhône*. Pièce 25 de l'abbaye de Silvacane.

(2) Il s'agit de l'ancien Castellas dont il reste à peine un pan de mur et non du château actuel plus moderne.

ceux de Silvacane, la terre de Goironcel (1). Un peu plus tard, en 1281, ce n'est plus une cession, mais un échange de terres à Valbonnette entre les deux monastères (2) ; puis c'est, en 1326, une sentence arbitrale venant trancher le différend survenu entre l'abbaye de Silvacane et le prieur de Valbonnette au sujet de la dîme de certaines terres de ce lieu (3).

Cependant la situation de Silvacane devient de plus en plus prospère. le domaine de l'abbaye s'agrandissant tous les jours des territoires voisins, notamment de ceux de Valbonnette. C'est ainsi que Pons, seigneur de Valbonnette, lui accorde, en 1271, le droit de dépaissance dans ses propriétés (4) ; quatre ans plus tard, Aisseline, femme de Raymond Escallon, lui fait donation d'une ferrage (5) et autres biens sis au terroir de Valbonnette (6). D'autres encore : Rostang Pastina, Hugenne Tarron et Douce Lamberte, donnent à l'abbaye de Silvacane leurs

---

(1) Comte E. de Grasset — *Inventaire analytique des Chartes des Fonds Ecclésiastiques*. Pièce 96 de l'abbaye de Silvacane.
(2) Id. Pièce 191 de l'abbaye de Silvacane.
(3) Id. Pièce 247 de l'abbaye de Silvacane.
(4) Comte de Grasset — ouvrage cité. Pièce 175 de l'abbaye de Silvacane.
(5) Champ de blé ou à l'arrosage.
(6) Comte de Grasset — ouvrage cité. Pièce 182 de l'abbaye de Silvacane.

terres de Valbonnette (1), mais c'est surtout en l'an 1298 qu'elle s'enrichit aux dépens de Valbonnette, car plus de 40 reconnaissances de biens sis dans ce territoire furent passées au bénéfice du célèbre monastère (2).

« A cette époque de foi vive mais peu raffinée « — disent les auteurs de l'*Histoire de l'Abbaye* « *Cistercienne de Silvacane* — les possesseurs « de terres éloignées, les pénitents de fautes « passées ou futures, même de simples dévots « sans motifs personnels ne croyaient pouvoir « prendre meilleure voie pour atteindre le « paradis que d'enrichir les monastères ; et nous « en verrons bon nombre qui, non contents « de négocier ainsi leur propre salut, sont per-« suadés qu'ils font beaucoup pour celui de « leurs enfants ou de leurs proches en les « dépouillant d'une notable partie de leur « fortune » (3).

C'était alors un grand honneur d'être inhumé dans le cimetière de l'abbaye de Silvacane, et cette faveur ne pouvait se payer trop cher. C'est ainsi qu'en 1221, Porcelette, femme de Pierre de Lambesc, « élisant sépulture dans le

---

(1) Comte de Grasset — ouvrage cité. Pièces 193-194-195 de l'abbaye de Silvacane.
(2) Id. Pièce 215 de l'abbaye de Silvacane.
(3) *Histoire de Silvacane* (ouvrage cité) page 11.

cimetière de Silvacane » lègue à l'abbaye la somme de 10.000 sols royaux coronats (1). Tel est le motif pour lequel Pierre Pannebos, chevalier, seigneur de Valbonnette cède en 1184 ses terres d'Arimont (2) ; telle est la cause des largesses faites à l'abbaye par la maison des Baux.

En 1257, le territoire de Valbonnette jusquelà placé sous la haute seigneurie des comtes de Provence passe sous la domination des évêques de Marseille.

Lorsque, à la suite de son mariage avec Béatrix, Charles d'Anjou devint comte de Provence, Marseille formait deux villes distinctes quoique étroitement liées ensemble : l'une — l'ancienne cité vicomtale ou ville basse — était en république et l'autre — la ville supérieure (3) — placée sous l'autorité épiscopale. Cette situation particulière n'était pas pour plaire au caractère ambitieux du frère de saint Louis, aussi eut-il vite fait de briser la résistance des républicains marseillais. Dès lors, il ne rêve plus que la réunion des deux villes sous sa seule souveraineté.

---

(1) Comte de Grasset — ouvrage cité. Pièce 115.
(2) *Histoire de Silvacane* — ouvrage cité. Page 35.
(3) Philippe Mabilly, *Les Villes Hautes de Marseille.*

A cet effet,— moitié de gré, moitié de force — il obtient de l'évêque de Marseille la cession des droits seigneuriaux possédés par lui sur la ville haute, et cela en échange de plusieurs terres parmi lesquelles celles de Saint-Cannat, Mallemort, Valbonnette, Alleins. La signature de ce contrat eut lieu à Saint-Remy : (1) en voici un extrait : «... *Item omne jus et Dominium* « *et Seigneuriam quod et quam habeant* « *(comes et comitessa) in castro de Merindol,* « *de Malamorte, de Valle Boneta et aligno et* « *territoriis eorumdem.* » (2).

Quelle est dans ses grandes lignes la situation de Valbonnette au moment de l'échange ? L'abbaye de Silvacane y possède un grand nombre de terres, mais elle n'a sur chacune d'elles que des droits féodaux bien incertains ; de là vont naître une foule de contestations entre les deux autorités ecclésiastiques. En dehors de l'abbaye, d'autres coseigneurs se partagent le fief de Valbonnette, on peut citer parmi eux : Guillaume de Lauris et Pain Bœuf. La paroisse de Valbonnette existe toujours, puisque la vicairie en est donnée, en

---

(1) Ruffi, *Histoire de Marseille*. Tome Ier, page 147.
(2) Belsunce. *Antiquité de l'Eglise de Marseille*, Tome II, page 209,

1331, à Guillaume Boysserie, prêtre de Cucuron (1) et que — d'après l'abbé Constantin — la liste du synode de 1421 mentionne encore le nom du curé de Valbonnette parmi les assistants (2).

---

(1) Comte de Grasset, ouvrage cité. Pièce **253** de Silvacane.

(2) Abbé Constantin. *Les Paroisses du Diocèse d'Aix*, page 49?.

CHAPITRE II

La Cité de Valbonnette

Jugement à Valbonnette des rebelles de Saint-Cannat. — Les évêques de Marseille et les coseigneurs de Valbonnette. — Chute de l'abbaye de Silvacane et suppression de la paroisse de Valbonnette. — Nouvel échange de Valbonnette. — Le roi René. — Fin de la Nation provençale. — René de Lorraine. — Emplacements supposés de la Cité.

EN prenant possession de sa nouvelle seigneurie, le premier acte de l'évêque de Marseille fut de consentir une transaction avec les coseigneurs de Valbonnette au sujet de la juridiction mère et mixte impère du lieu, et de fixer ainsi les cas dont la connaissance devait appartenir au juge épiscopal (1).

______

(1) Comte de Grasset — ouvrage cité. Pièce 70ᵃ de l'Eglise de Marseille.

En changeant de suzerain, les habitants de Valbonnette virent diminuer leurs obligations féodales, car les populations dépendant de l'Eglise n'étaient soumises à aucune charge militaire (calvacades, levées, etc.), pas plus qu'elles n'étaient assujetties à l'impôt dit de *l'affouagement*. Malgré cela, les évêques de Marseille ne trouvèrent pas toujours chez leurs nouveaux vassaux toute la soumission à laquelle ils étaient en droit de prétendre. C'est ainsi qu'en 1278, les habitants de Saint-Cannat se mirent ouvertement en révolte à propos de la perception de l'impôt. Après avoir pillé la maison des collecteurs, les insurgés essayèrent d'entraîner avec eux les populations de Valbonnette (1) et de Mallemort afin de donner à leur rébellion le caractère et l'importance d'un soulèvement général. Ils échouèrent complètement. Les principaux coupables furent arrêtés et mis en jugement.

Jean de Gavare reçut qualité pour instruire l'affaire au nom de l'Evêque-seigneur : « ... Le « nouveau juge n'établit pas son tribunal à « Saint-Cannat, où il n'aurait peut-être pas été « en sûreté, mais à Valbonnette dont l'évêque

---

(1) Belsunce — *Antiquité de l'Eglise de Marseille.* Tome II, page 298.

« était aussi seigneur et qui était peu éloigné
« de Saint-Cannat. Il fit une exacte informa-
« tion, et après avoir accordé aux coupables les
« délais marqués par les lois, afin qu'ils pussent
« faire et produire leurs défenses, il assembla
« tout le peuple et prononça sur tous les
« chefs de sa commission. dans la place publi-
« que où était le peuple de Valbonnette, avec
« un grand nombre de personnes de différents
« endroits » (1). Après avoir prononcé le chiffre
des amendes encourues et ordonné « ... que
« l'information commencée au sujet des dé-
« marches que l'on disait avoir été faites par
« les habitants de Saint-Cannat auprès de ceux
« de Valbonnette et de Mallemort pour les
« soulever, serait continuée par la Cour Episco-
« pale de Marseille » (2) le juge condamna Guillaume Imberti, le plus compromis, à avoir la
tête tranchée ou à payer la somme de 300 livres
« ... Toutes ces condamnations furent pro-
« noncées à Valbonnette. le dernier avril de
« l'an 1278, à 3 heures après midi, et furent
« écrites par Bertrand Elsiari. notaire public de
« Marseille et des comtes de Provence et de

---

(1) Belsunce — *Antiquité de l'Eglise de Marseille*. Tome II,
page 300.
(2) Id. Tome II, page 301.

« Forcalquier. Plusieurs personnes de distinc-
« tion servirent de témoins. » (1)

Ce fameux procès vient pour la première
fois mettre en lumière la cité de Valbonnette
et nous en faire soupçonner la réelle importance. Nous savions déjà qu'il existait à Valbonnette une paroisse, un château et un
monastère, mais aucun document n'avait encore
fait mention de la cité même. Malheureusement tout se bornera à peu près là. Nous
recueillerons bien encore quelques précieux
renseignements, comme d'apprendre qu'il existait à Valbonnette un juge particulier (2) ou
bien qu'il y était interdit « à toute prostituée
« de passer la nuit dans le château et à tout
« homme d'y porter les armes » (3). Nous verrons — en parcourant la liste des anciennes
possessions de l'Eglise de Marseille — que
Valbonnette y figure en qualité de « bourg
fortifié » absolument comme Alleins et Mallemort (4), mais rien ne viendra nous donner
connaissance de ses règlements administratifs.

---

(1) Belsunce — *Antiquité de l'Eglise de Marseille*. Tome II,
page 302.
(2) Comte de Grasset — ouvrage cité. Pièces 192-211 et
214, Eglise de Marseille.
(3) Id. Pièce 206. Eglise de Marseille.
(4) Ferdinand Famin — *Revue de Marseille et de Provence*,
Mai 1860, page 218.

du nom de ses magistrats, du chiffre de sa population, de sa vie politique enfin. Rien ! pas plus que nous ne connaîtrons l'emplacement exact de la cité, la date de sa fondation et l'époque de sa disparition.

Le fief de Valbonnette n'offre plus rien d'intéressant jusqu'au XIVe siècle ; nous remarquons cependant quelques reconnaissances de biens passés en faveur de certains particuliers par les coseigneurs. Parmi ces derniers il faut citer : Penne de Gordes, Lauris, Rostang de Portalis et Bertrand de Thollon, héritier de la part du sieur Pain-Bœuf. La veuve de ce Bertrand de Thollon cède en 1301, à l'évêque de Marseille, tous ses droits sur le « four de Valbonnette » (1).

Avec le XIVe siècle s'ouvre la série des procès engagés par l'abbaye de Silvacane et les autres coseigneurs de Valbonnette contre l'évêque de Marseille au sujet des droits seigneuriaux à exercer sur le territoire de Valbonnette, notamment de celui d'y rendre la justice (2). Toutes ces contestations réglées à l'avantage des évêques-seigneurs leur acquirent, dans la

(1) Comte de Grasset — ouvrage cité. Pièce 120 de l'Eglise de Marseille

(2) Comte de Grasset — ouvrage cité. Pièces 170, 192, 202, 208, 209, 251 de l'Eglise de Marseille.

région, une grande autorité morale — celle possédée jusque-là par les abbés de Silvacane. — La perte de tous ces procès contribua sans doute à ruiner l'ancienne abbaye, car, en 1440, lors de sa réunion aux biens du chapitre de Saint-Sauveur, c'est à peine si « les revenus du monastère suffisaient à nourrir trois religieux » (1).

Loin de tirer profit de la déchéance de son opulente voisine, Valbonnette semble au contraire en avoir partagé la ruine, car, à partir de ce moment, l'obscurité la plus complète enveloppe de nouveau la cité à peine entrevue. De cette époque date la suppression de la paroisse de Valbonnette (2).

En 1473, le roi René, séduit par la grande fertilité de cette partie de la vallée de la Durance et surtout par la grande quantité de gibier qu'on y trouvait, céda la baronnie d'Aubagne à l'évêque de Marseille en échange des seigneuries de Saint-Cannat, Valbonnette et Alleins (3). Plus tard, il disposa du fief de Valbonnette en faveur de sa fille Yolande, épouse de Ferry de Vaudémont.

---

(1) Papon. *Histoire Générale de Provence*. Tome I, page 201.
(2) Abbé Constantin. *Les Paroisses du Diocèse d'Aix*. Page 498.
(3) A. de Ruffi. *Histoire de Marseille*. Tome II, page 32.

Avec René ou plutôt avec son successeur Charles III, finit l'autonomie de la Provence. En faisant le roi de France son héritier, René réalisait sans le savoir, la grande pensée politique de Romieu de Villeneuve, car du jour où Charles d'Anjou épousa la fille de Raymond-Bérenger, la Provence était fatalement destinée à devenir française.

Son existence comme nation avait duré exactement six siècles pendant lesquels la Provence fut pour l'Europe un véritable foyer de civilisation. La France, encore à demi barbare, bégayait à peine les premiers éléments de sa langue nationale que déjà la Provence avait ses poètes, sa littérature. Le provençal était parlé dans toutes les cours policées, il était par exellence le langage des affaires, celui de la poésie. « Comment ce pays-là n'a-t-il pas vaincu et dominé la France ? » s'écrie Michelet : « Il a bien vaincu l'Italie au XIIIe siècle ! » (1).

Si la Provence a vaincu l'Italie, c'était moins dans un but de conquête que pour satisfaire l'ambition des princes de la maison d'Anjou. Pays libre, civilisé, se suffisant largement à lui-même, la Provence n'avait pas besoin d'agrandir son territoire, mais seulement d'augmenter

____

(1) *Histoire de France.* Tome I, page 27.

ses flottes. Elle n'a jamais convoité l'héritage d'autrui, et préféra toujours les pacifiques opérations du négoce, le culte des Beaux-Arts et des Belles Lettres aux sanglantes boucheries humaines où la force primant le droit, les peuples perdent leur liberté.

En devenant française, la Provence garda néanmoins toutes ses libertés, ses privilèges, ses franchises. Elle ne fut pas réunie à la couronne de France comme « un accessoire à son « principal, mais principalement et séparément « du reste du royaume » (1). De là s'explique la qualité de Comtes de Provence prise depuis cette époque par les rois de France.

Le fief de Valbonnette suivit le sort de la Provence, tout en demeurant sous la seigneurie directe du fils de Yolande et de Ferry de Vaudemont : René de Lorraine, appelé dans l'Histoire René II. Ce prince — dépouillé de son patrimoine par les intrigues de Louis XI — essaya d'abord de faire valoir ses droits sur la Provence, Comme jadis Raymond des Baux — dans sa lutte contre la maison de Barcelonne — il représentait la véritable tradition provençale, les vrais intérêts politiques

---

(1) Ribbe. *Pascalis. Etud: sur la fin de la Constitution provençale*, page 25.

du pays. Petit-fils du roi René (mort sans laisser d'enfants mâles) il était de par sa naissance le seul souverain légitime de la Provence dont l'autre — le roi de France — n'était en réalité que l'usurpateur.

René II, seigneur de Valbonnette, eut de nombreux partisans dans la noblesse provençale ; il faut citer parmi eux : le puissant Fouquet d'Agoult et François de Luxembourg, vicomte de Martigues. Il avait pour lui le prestige de ses victoires sur Charles-le-Téméraire (1) et le puissant appui de sa mère Yolande, très populaire en Provence. Malgré son droit, ses brillantes qualités militaires, le zèle de ses amis, que pouvait-il contre le puissant roi de France ? Celui-ci fit passer de nombreuses troupes en Provence et René — comprenant l'inutilité de la lutte — se retira dans son duché de Lorraine (2). Ses descendants morcelèrent la seigneurie de Valbonnette dont l'histoire se

---

(1) René battit le fameux duc de Bourgogne à Granson. Morat et le vainquit définitivement à la bataille de Nancy où Charles le Téméraire trouva une mort si misérable. Voici le portrait que trace delui l'historien Gauffridi : « René, duc de Lorraine, était un prince de grand mérite et de grande réputation. Il était homme de jugement et d'exécution » Gauffridi, *Histoire de Provence*, Livre 1er, page 365.

(2) Les membres de cette maison firent longtemps valoir — mais sans succès — leurs prétentions sur le Comté de Provence.

confond dès lors avec celle de Lambesc, Bonneval, Sainte-Croix et enfin Charleval.

On nous pardonnera cette longue digression historique ; elle était nécessaire, étant donné : 1º l'importance et les conséquences politiques de la réunion de la Provence à la France ; 2º la personnalité de celui qui en fut victime : le seigneur de Valbonnette. C'est donc à ce titre — plus qu'à celui d'héritier légitime du roi René — que nous nous sommes attardé sur certaines particularités de la vie de René de Lorraine.

Si l'existence de la cité est suffisamment démontrée, il n'en est pas de même de l'emplacement exactement occupé par elle. L'absence de toute trace matérielle, le défaut de tradition, le silence ou l'obscurité des textes nous obligent à confesser nos incertitudes à ce sujet. Toutes les minutieuses recherches auxquelles nous nous sommes livré, nos courses répétées dans les environs de Charleval, n'ont donné que des résultats incomplets. En vain avons-nous fouillé tous les ravissants vallons des *Costes*, parcouru tous les sentiers, exploré tous les plateaux, arpenté la plaine : comme le sphinx de la mythologie, Valbonnette a gardé son secret. Hélas ! d'autres villes plus importantes, des capitales autrefois célèbres, des empires même ont disparu dont on ne soupçonnerait pas l'existence sans les souvenirs historiques qui s'y rattachent. Ici même, en Provence, dans le département, combien de cités jadis florissantes dont on ne trouve plus de traces ? Où sont les ruines de Tauroentum, de Maritima Avaticorum, d'Astromela ? Qui peut dire où se trouvait exactement l'ancienne Aéria ?

Autant que l'on peut conjecturer sur des probabilités, trois emplacements nous ont paru susceptibles d'avoir pu être le siège de Valbonnette. C'est d'abord à deux lieues de Charleval, le plateau de Sainte-Anne de Goiron appelé aussi *Manivert*. Placé sur un des sommets du groupe des *Côtes* dans un endroit merveilleusement choisi pour la défense, il domine — de Pertuis à Orgon — toute la vallée de la Durance. Sa grande superficie, sa position presque inexpugnable, sa situation exceptionnelle à 400 mètres d'altitude, les nombreuses traces d'anciennes constructions qu'on y rencontre, tout démontre que ce plateau fut habité. Mais à quelle époque et par qui ? Est-ce avant l'acte de donation de la montagne de Goiron au clerc André ou après ? Faut-il voir dans les nombreux débris qu'on y trouve les restes d'un ancien oppidum lygure, d'un poste d'observation phocéen, d'une vigie romaine ou bien ceux de l'ancienne cité de Valbonnette ? Peut-être bien, et d'une façon successive, un peu de tout cela. Toutefois, en 1048, au moment de la prise de possession de la montagne de Goiron par le clerc André, ce n'était pas encore là Valbonnette, car l'acte de donation distingue absolument les églises de Saint-Michel et de Sainte-Marie de Goiron de celle de Saint-Jean de Valbonnette. La cité primitive de Valbonnette devait alors se grouper autour de cette dernière église et, très probablement, au pied du *Castellas* (1).

On a vu comment le nouveau propriétaire de Goiron y installa un monastère et supprima une des deux églises, étant donné — disent les auteurs de l'*Histoire de Silvacane* — le minime troupeau perdu dans ce désert » (2). Or, non seulement rien n'est venu confirmer cette suppression, mais nous trouvons au contraire que la présence des moines vint redonner une vie nouvelle à ce lieu jadis habité. C'est d'abord, en 1306, un accord passé entre l'archevêque d'Aix et le monastère de Silvacane par lequel « la

---

(1) Le *Castellas*, dont il reste à peine quelques pierres, était situé derrière le château actuel de Valbonnette, à l'extrémité d'un coteau.

(2) *Histoire de Silvacane* — ouvrage cité — page 14.

« collation des chapelles de Ste-Marie et de St-
« Michel de Goiron est déclarée appartenir au
« dit monastère » (1). Un siècle après, en 1412,
c'est une reconnaissance passée par l'abbé de
Silvacane à celui de Saint-André-lez-Avignon
« des églises de Saint-Michel, de Sainte-Marie
« et de Saint-Jean de Valbonnette, sous la
« cense de 3 sols » (2).

C'est ainsi que, loin de perdre le peu
d'importance qu'il avait en 1048, le plateau
de Goiron semble en avoir acquis une nouvelle du fait de l'établissement des religieux.
Les églises de Saint-Michel et de Sainte-Marie
de Goiron continuèrent donc à fonctionner
toutes les deux et leur coexistence sur un
même point prouve la présence d'un certain
nombre de fidèles dans le voisinage immédiat,
c'est-à-dire Valbonnette. Dès lors la possibilité
d'un déplacement de population se présente
nettement à l'esprit. Puisque les habitants de
Valbonnette allaient si souvent au plateau
de Goiron pour l'accomplissement de leurs
devoirs religieux, pourquoi ne seraient-ils
pas venus s'établir autour du monastère ?
Car le monastère de Valbonnette dont il a été

---

(4) Comte de Grasset — ouvrage cité. Pièce 223 de Silvacane.
(2) Id. Pièce 348 de Silvacane.

question plus haut à propos de Silvacane, n'est pas autre chose pour nous que la fondation du clerc André. De là à conclure à l'existence de deux Valbonnette il n'y a qu'un pas ; l'une — la cité primitive — continuant à subsister avec la paroisse au pied du *Castellas*, et l'autre — la plus importante — occupant le plateau de Goiron.

Ce sont là, il est vrai, de pures hypothèses que l'absence de toute trace matérielle et le silence des documents peuvent seuls excuser. Des fouilles faites avec intelligence éclairciraient peut-être ce point délicat. Il faudrait les faire à une certaine profondeur, car le terrain actuel — longtemps converti en terres labourables — n'offre plus à sa surface que des restes très abondants, il est vrai, mais trop brisés, trop réduits, pour permettre d'en déterminer la nature ou d'en fixer l'âge. Cependant, çà et là, de nombreux tas de pierres éveillent l'attention; la plupart sont informes, mais quelques-unes encore taillées ne laissent aucun doute sur leur première destination. Sauf la chapelle de Sainte-Anne de Goiron (alias Sainte-Marie) dans un très bel état de conservation, toutes les ruines qui parsèment le plateau — si elles ne peuvent constituer des preuves indiscutables — forment tout au moins de précieux indices que l'on aurait tort d'abandonner après un premier examen.

Le deuxième emplacement supposé, serait situé à deux kilomètres à l'Est de Charleval, en face l'oratoire de Sainte-Philomène, parallèlement au chemin de grande communication numéro 4, et à cheval sur l'extrême limite des communes de La Roque d'Anthéron et Charleval. Il serait limité au Sud-Est par la Halte de Valbonnette ; au Sud, par la voie ferrée ; au Nord, par les terres de Sainte-Croix. Des vignes couvrent la plus grande partie de sa surface et si ce n'étaient les nombreux débris de tuiles qui jonchent le sol, rien ne laisserait supposer que ces terrains ont pu être jadis couverts d'habitations. Lors de l'établissement du chemin de fer régional, en 1889, les ouvriers employés aux travaux de terrassement firent à cet endroit d'étranges découvertes : ossements humains, jarres, fioles en verre, poteries, ustensiles, vases et autres objets de formes bizarres. Aujourd'hui encore, il n'est pas rare au cultivateur d'y faire de pareilles trouvailles. Malheureusement, tout cela est brisé, dispersé, anéanti sans discernement. Il faudrait, lorsque de tels objets se rencontrent sous la bêche, qu'on prît soin de les recueillir intacts si possible et de les déposer ensuite à la Mairie. Ils fourniraient plus tard les éléments d'une très intéressante collection et leur forme, leur variété, leur âge pourraient donner d'utiles renseignements sur l'époque où ces lieux furent habités. Les fouilles y seraient plus faciles à faire qu'au plateau de Goiron, il suffirait de quelques journées d'hommes et du sacrifice de quelques mètres de terrain plantés en vignes.

Le troisième emplacement serait situé au pied du *Castellas*. Il aurait englobé toute la superficie occupée aujourd'hui par le château de Valbonnette (1), ses dépendances et la magnifique terrasse qui les précède. C'est la position la plus conforme aux mœurs féodales : le château dominant et défendant la cité. C'est aussi la plus pauvre en documents. Cependant, lors des travaux exécutés en 1905 pour amener à Valbonnette les eaux de la source des *Viviers*, on trouva sur la terrasse, non loin d'un des bassins, quantité d'ossements humains.

Quel que soit l'emplacement occupé par l'introuvable cité, il est à peu près certain qu'il ne faut le chercher ni dans Charleval, ni dans

---

(1) Le château actuel de Valbonnette, d'un si joli effet avec ses murs tapissés de lierre, appartient à M. Gounelle. de Marseille. Il a été construit en 1669, à peu de distance du *Castellas*. Sa forme est celle de la plupart des châteaux du XVIIme siècle : carrée avec des tourelles aux angles.

Sainte-Croix, ni dans Bonneval, fiefs auxquels la seigneurie de Valbonnette a donné naissance, mais dans la partie de la commune de Lambesc désignée encore aujourd'hui sous le nom de Valbonnette.

Malgré le peu de résultat obtenu nous n'abandonnons pas pour cela nos recherches ; nous allons, au contraire, les continuer avec plus d'ardeur que jamais, jusqu'à la découverte probable de faits nouveaux qui nous permettront de reprendre cet intéressant sujet. Alors, déchirant avec plaisir le voile épais qui nous cache la mystérieuse cité, nous nous proposons de faire de Valbonnettte l'objet d'une étude toute spéciale, véritable reconstitution historique de la Valbonnette du moyen âge.

Pour le moment nous avons cru bon d'utiliser une partie des documents déjà réunis, estimant qu'il était impossible d'écrire l'*Histoire de Charleval* sans au moins souligner l'importance de son aïeule dans la région : l'ancienne Valbonnette.

CHAPITRE III

César de Cadenet

Essai d'un Résumé historique sur la maison
de Cadenet-Charleval. — Origines et Armoiries. — Etablissement des Cadenet
dans le territoire de Valbonnette.— Achat
du fief de Charleval. — César de Cadenet.
Son enfance. — Fondation du village. —
Acte emphytéotique.

A fondation du village de Charleval est
l'œuvre de Pierre, César, chevalier
de Cadenet, seigneur de Tamerlet,
Valbonnette, Charleval et autres places. Ses
armes portaient : d'azur à un taureau ailé furieux
d'or, avec comme devise supérieure « *nec
timeas nec optes* » et comme devise inférieure
« *nec spe, nec metu* », toutes les deux sur ban-
deroles.

Trois familles nobles du nom de Cadenet furent connues en Provence : 1° celle des Cadenet (Vaucluse) issue des comtes de Forcalquier ; 2° celle des Cadenet (1) seigneurs de Caderousse dans le Comtat ; 3° celle des Cadenet-Charleval.

Quelques auteurs : Louvet (2), Roland (3), dom Bérengier (4) font descendre les Cadenet-Charleval de l'ancienne et illustre maison des Cadenet (Vaucluse) dont une branche serait venue s'établir à Lambesc former la souche des Cadenet, seigneurs de Tamerlet, Valbonnette, etc. Artefeuil (5) n'est pas de cet avis. « La « famille des seigneurs de Charleval et de « Tamerlet — dit-il — obtint des lettres de « noblesse le 11 décembre 1549 ; elles furent « confirmées le 16 novembre 1567 et enregis-« trées aux archives du roi en Provence, le 12 « février 1588. Le roi les accorda à François « de Cadenet, seigneur de Hans, et à tous les

____

(1) De l'île de Cadenet sur le Rhône, mais en Languedoc.

(2) *Additions et Illustrations sur l'Histoire des troubles en Provence.* Page 579.

(3) *Cadenet historique et pittoresque.* Tome 1er (le second n'a pas paru).

(4) *Notice sur Monseigneur de Cadenet-Charleval* (Revue de Marseille, année 1862, page 388.

(5) Ce nom est le pseudonyme sous lequel se cachaient P. J. L. de Gaillard-Longjumeau, seigneur de Ventabren, L. C. M. d'Arnaud de Rousset et l'abbé C. de Beauvezer.

« descendants de feu Ezéar de Cadenet, docteur
« en médecine, originaire de Salon » (1). Dans
ses *Tables armoriales*, le même auteur reconnaît aux Cadenet- Charleval les armoiries suivantes : « 1 et 4 d'azur, à trois chaînes d'or
« posées en bande ; 2 et 3 d'azur à un taureau
« ailé et furieux d'or adextré de deux étoiles de
«   même » (2).

Un autre historien — Robert de Briançon —
dit : « La famille de Cadenet, de laquelle sont
« les seigneurs de Tamerlet, les seigneurs de
« Lamanon, de Salon, qui fournit trois branches : une à Lambesc, une à Salon et l'autre
« à Aix est noble et ancienne » (3) et un peu
plus loin il ajoute — donnant ainsi raison à
Artefeuil — : « Il y avait autrefois en Provence,
« une ancienne maison de Cadenet à laquelle
« appartenait la terre de Cadenet dont elle
« avait tiré son nom. Cette maison avait fait
« diverses branches connues sous les noms
« des seigneurs des Cadenet, d'Aiguières et en
« partie de Lambesc, lesquelles sont éteintes
« depuis longtemps. La principale branche finit
« il y a plus de trois cents ans et ses biens

---

(1) Artefeuil. *Histoire héroïque et universelle de la Noblesse de Provence*. Tome 1er, page 210.
(2) Artefeuil — *Tables Armoriales*. Page 39.
(3) *L'Etat de la Nobiliaire de la Provence*. Tome I, page 461.

« passèrent dans la maison d'Oraison ». Or, en ce qui concerne cette dernière allégation. Robert de Briançon est d'accord avec l'historien des « Troubles de Provence », lequel nous apprend qu'avant de passer dans la maison de Venterol, la terre de Cadenet fut usurpée par Elzéas d'Oraison sur Bertrand de Cadenet son cousin, « duquel il était tuteur » (1). Malheureusement, les documents qui se rapportant à cette époque et à la famille des Cadenet, auraient pu nous éclairer furent enlevés vers 1560, de chez Jean de Crocio (notaire à Cadenet) afin de faire disparaître « les titres et testaments de « la maison de Venterol » (2). Si l'on ajoute à cela que sous la Révolution le peuple brûla les archives et le château de Cadenet, on comprendra combien il est aujourd'hui difficile de retrouver les liens qui ont pu exister entre les Cadenet-Charleval et la principale branche. Il est vrai qu'un Arrêt de la Chambre des Francs-Fiefs du 2 juin 1556 (3), et un Jugement de noblesse en date du 16 août 1661 (4) font remonter la noblesse des Cadenet-Charleval au XIIIe siècle. Mais on sait avec quelle juste méfiance

----

(1) Louvet — *Histoire des Troubles de Provence*, page 571.
(2) Id. Page 571.
(3) Archives de la famille de Jessé-Charleval.
(4) Archives de la Préfecture des Bouches-du-Rhône, série B 1556, f· 841.

il faut accepter toutes ces longues justifications
de noblesse, car la production des quatre quartiers étant seule obligatoire et par conséquent
contrôlée, le reste n'était — le plus souvent —
que pure fantaisie. C'est ainsi que dans les deux
actes en question, les trois familles de Cadenet
sont confondues.

Quoi qu'il en soit, devant les contradictions
des généalogistes, les lacunes de l'Histoire,
l'incertitude ou l'ambiguïté des textes, nous
avons cru prudent de n'établir la filiation des
Cadenet-Charleval qu'à dater du XVIe siècle,
époque à partir de laquelle nous pouvons
étayer notre récit sur des documents absolument probants.

Il résulte de nos recherches dans les Archives
départementales que des Lettres de noblesse
furent accordées le 11 décembre 1549 en faveur
de « Pierre de Cadenet, sieur de Tournefort,
« chanoine de Saint-Sauveur d'Aix, Charles et
« Marc-Antoine de Cadenet, frères, docteurs et
« avocats en la Cour ; Pierre et Philibert de la
« ville de Salon, Ambroise de Cadenet, sieur
« de Tamberlet et Pierre de Cadenet, de la
« cité d'Avignon » (1).

---

(1) Archives des Bouches-du-Rhône, série B 74, Enregistrement des Lettres patentes du Roy, f· 37.

L'examen des documents mis gracieusement à notre disposition par un descendant de la famille, M. le comte de Jessé-Charleval, nous apprend aussi qu'à la même date du 11 décembre 1549, François de Cadenet obtint « Lettres d'anoblissement pour Elxias dc Ca- « denet et tous ses descendants » (1), lesquelles lettres de noblesse furent enregistrées par la Cour des Comptes de Provence le 12 février 1589.

Les plus anciens membres de cette famille dont il soit fait mention dans les Livres de Raison sont : 1° Pierre de Cadenet, chanoine de Saint-Sauveur, secrétaire du comte de Tande, gouverneur de Provence. C'est à son initiative qu'on doit le desséchement des marais de Fréjus par Adam de Craponne ; 2° Antoine de Cadenet, seigneur de Tamerlet, qui signa en 1568, avec le même Adam de Craponne, une convention par laquelle le grand ingénieur s'engageait à conduire une partie de l'eau de son canal dans les étangs de Tamerlet et d'Espelliers (2).

---

(1) Livre de Raison d'Ambroise de Cadenet f° 112.

(2) Les étangs de *Poura* et de *Citis* situés entre St-Mitre et Istres. Ils furent érigés en fiefs nobles le 22 mai 1555 en faveur d'Antoine de Cadenet, fils d'Elzéas, et restèrent dans cette famille jusqu'au commencement du XIX° siècle. Ils sont aujourd'hui exploités par la Cⁱᵉ de Rassuen.

De son mariage avec Honnorade de Roux,
en 1534, il eut : Ambroise et plusieurs filles
dont une — Catherine — épousa en 1565,
François d'Arquier, seigneur de Charleval, et
une autre — Antoinette — qui épousa le frère
de ce dernier, le capitaine Pierre d'Arquier.
Leur dot fut pour chacune de 1600 florins. De
ce dernier mariage naquit Etienne d'Arquier,
sieur de Charleval, consul de Marseille en 1619,
et du premier, Anne d'Arquier qui épousa en
1596, le seigneur de Colin. Les d'Arquier portaient : d'azur au Pont d'argent maçonné de
sable surmonté d'un lion d'or. (On verra plus
loin comment une partie de Valbonnette avait
été érigée en seigneurie à leur bénéfice — sous
le nom de Charleval).

Sauf une maison à Lambesc (1) et une grange
à la Royère, la plupart des propriétés foncières

---

(1) Il l'avait acquise en 1532 de Bertholin di Marco (noble
florentin) sous la réserve d'une cense de « deux sols » et du
don d'une paire de perdrix à faire annuellement au duc de
Guise, propriétaire du terrain. Cette maison fut possédée par
les Cadenet-Charleval jusqu'en 1820, époque où elle devint la
propriété des de Jessé. Elle appartient actuellement au capitaine Daniel. Ce dut être jadis un fort bel édifice, une somp-
tueuse demeure ; aujourd'hui encore, malgré les réparations et
les transformations subies, c'est un des plus beaux immeubles
de Lambesc. Lorsque, après la suppression des Etats de Provence, les Assemblées générales des Communautés se tinrent à
Lambesc, les archevêques d'Aix venaient y loger. Son style
est celui de la Renaissance.

d'Antoine de Cadenet se trouvaient dans les environs d'Istres et de Martigues. Il mourut en janvier 1569.

Son fils, Ambroise de Cadenet, seigneur de Tamerlet, paraît avoir disposé d'une assez grande fortune, car non seulement il avance de fortes sommes aux communautés de Salon, Lambesc, Saint-Chamas, Istres et du Vernègues, mais il fait encore de nombreux achats de terrains, soit dans le fief même de Charleval (appartenant à ses beaux-frères) soit dans les environs immédiats. Il acquiert ainsi dans la partie haute de Valbonnette la ferme de *la Baume*, et dans la plaine la *Grande Bourgarelle*, la *Petite Plantade*, la *Vieille Plantade*. A la Royère, il fait « bastir le pigeonnier » qui sous le nom de *Bastide du Colombier* deviendra bientôt une ferme très importante n'exigeant pas moins de « vingt-une charges de « bled pour la semence, plus huict charges « avoyne pour semi, plus trois charges seigle ». Il entretenait en outre dans le territoire de la Royère « trente-trois trenteniers de bétail à laine ».

Ambroise de Cadenet mourut en 1617. De son mariage, en 1582, avec Etiennette de la Tour, il eut : César et Isabeau (mariée en 1605 à Louis de Forbin).

César de Cadenet, seigneur de Tamerlet, Tournefort (1) et Aiguebelle (2) (né le 13 août 1585), continua l'œuvre entreprise par son père et acquit notamment la ferme de *la Maurine* dans le domaine de la Royère. Il épousa le 13 avril 1613, Lucrèce de Biord qui mourut en 1658, « une des plus belle et plus vertueuse de la provence et plus sage », dit le Livre de Raison qui relate ce dernier événement. Il eut sept enfants parmi lesquels : François, institué héritier par testament du 6 août 1646 (Bosse, notaire) ; Charles, chevalier de Malte, Pierre, moine à Montmajour et Thérèse, mariée en « 1643, à monsieur d'Aurons, fils de monsieur « d'Aleins » (3). Sa dot fut de 10.000 livres « oultre ses coffres » (4).

---

(1) Il ne s'agit que d'une partie de la seigneurie de Tournefort. Par son testament du 18 mars 1622 (not. Yvan Anglesy à Aix) la dame de Tournefort avait institué comme héritiers universels : 1° Pierre Pitton, son petit-fils; 2° César de Cadenet son parent. Il y eut procès au moment du partage et par arrêt du Parlement en date du 21 août 1631. César obtint la partie de la seigneurie de Tournefort coufrontant le territoire de Lambesc.

(2) La seigneurie d'Aiguebelle était située au Nord-Ouest de Lambesc, à gauche de la route de Rogne. Sur son territoire — appelé aussi « Cros de Fons » — existait une source, la « fontaine de Fibronne », dont une partie des eaux allait se jeter dans la Concernade et l'autre venait alimenter la ville de Lambesc. Charles de Lorraine, duc de Guise, avait donné cette terre à César de Cadenet en 1635.

(3) Livre de Raison d'Ambroise de Cadenet, continué par César de Tamerlet son fils. f° 45.

(4) Id. f° 87.

César mourut le 26 janvier 1664 et fut enseveli à Lambesc, dans la chapelle de la Sainte-Trinité, où sa famille possédait un caveau.

François de Cadenet, seigneur de Tamerlet, Espelliers, Tournefort et Aiguebelle, étudia le droit et passa docteur agrégé de l'Université d'Aix. Avec lui les Cadenet — déjà propriétaires fonciers d'une grande partie des terrains de Valbonnette — en deviennent les coseigneurs en 1668 (voir aux chapitres de Sainte-Croix et de Bonneval dans quelles conditions eut lieu le démembrement de la seigneurie de Valbonnette). Quelques années après, en 1677, François acquiert également la terre et seigneurie de Charleval pour le prix de 22.000 Liv. (not. Brémond d'Aix) (1). Mais la terre de Charleval étant inféodée à celle de Valbonnette, il y avait là pour le nouveau titulaire — déjà seigneur en partie de Valbonnette — une fausse situation. François de Cadenet demanda et obtint d'être libéré de l'obligation féodale, laquelle consistait en « l'hommage d'un esper- « vier attaché et deux sonnettes d'argent » (2). Un peu plus tard — le 22 juin 1687 — il réussit également à se faire décharger des droits d'Al-

---

(1) Livre de Raison des Cadenet, f° 123.
(2) Id. f° 122.

bergue et de Calvacade dus pour la coseigneurie de Valbonnette (1). De plus, il avait le droit de faire dépaître ses troupeaux « gros et menus » dans toute l'étendue des territoires de la Roque d'Antheron et de Mallemort ainsi que la faculté de se servir des *Eaux du fuyant du moulin de la Roque*. Enfin, il s'ingénia tout particulièrement — par de nombreux échanges ou achats de terrains — à « chasser tous les voisins de Valbonnette » (2), complétant ainsi l'œuvre entreprise par ses aïeux.

François de Cadenet épousa, le 24 novembre 1643, Charlotte de Mars de Liviers. Il eut : César, son héritier ; Jean-Baptiste, qui entra dans les ordres en 1667 ; Joseph ; Lucrèce, mariée en 1663 au sieur de la Valette ; enfin, Catherine et Marthe, qui toutes les deux prirent le voile au couvent des Ursulines de Lambesc. Leur dot fut de « 800 escus chacune ».

Dix ans après son mariage, François de Cadenet avait été fait Prince d'Amour de la Jeunesse (3), C'était là un grand honneur en même temps qu'une très lourde charge pécuniaire. Voici comment il relate lui-même cet événement

---

(1) Livre de Raison des Cadenet, f 118.
(2) Id. f 126.
(3) Voir l'ouvrage d'Octave Tei siers « *Prince d'Amour et Abbés de la Jeunesse.* ».

dans son Livre de Raison. « Je fis tout ce que je
« peus pour en estre deschargé, mais il falut mar-
« cher à la feste de dieu estant accompagné de
« grand nombre de noblesse tant estrangère que
« de la ville, mon lieutenant estoit monsieur de
« Quiqueran seigneur de Vertabis, le guidon,
« monsieur d'Hospitalier d'Aix, la princesse,
« ma cousine de Paule, femme de monsieur le
« président de la Garde Thomassin. Il faut se
« souvenir que notre maison se peust faire des-
« charger de la ditte charge de prince d'amour
« jusque à quatre générations suivant les sta-
« tuts et l'institution de la ditte charge » (1).

César de Cadenet, seigneur de Tamerlet,
Tournefort et Valbonnette, naquit le 29 octobre
1647. Il fut, comme son père, Docteur de l'Université d'Aix. De son mariage, en 1677, avec
Gabrielle de Valavoire, il eut : François, son
aîné ; César, chanoine en l'église cathédrale de
Riez ; Joseph, officier des galères, et Marie, qui
épousa Cyprien d'Hermete, seigneur de Maillane.

François de la Tour (2), seigneur de Charleval, conseiller du roi en la cour du Parlement,

---

(1) Livre de Raison des Cadenet f. 113.
(2) Les membres de la famille de Cadenet prenaient quel-
quefois ce titre depuis le mariage d'Ambroise de Cadenet,
avec Etiennette de la Tour, en 1582.

épousa Catherine de Gaydan. Il eut : Pierre, César, fondateur du village de Charleval, et Joseph, François, évêque d'Agde. Il mourut en 1718 et fut enseveli dans la chapelle fondée par ses ancêtres dans l'église des religieux Mathurins de Lambesc.

César de Cadenet naquit à Aix, le 16 février 1708, dans l'hôtel nouvellement acheté par ses parents et situé rue Villeverte. Son enfance fut attristée par la mort prématurée de son père et ce malheur paraît avoir exercé une grande influence sur son caractère. « Cette perte — dit-« il — a été la source de toutes les affaires « fâcheuses qui me sont arrivées » (1). A l'annonce de cette mauvaise nouvelle, César et son frère Joseph durent quitter le collège d'Avignon et venir rejoindre leur mère à Lambesc. Mais les orphelins ne trouvèrent pas auprès d'elle tous les soins, toutes les consolations que nécessitaient leur jeune âge et leur infortune. « Catherine de Gueydan, personne très singu-« lière et d'un caractère assez peu sociable, ne « comprit pas les devoirs de sa position et quoi-« que après la perte subite de son digne époux

---

(2) Livre de Raison de César de Cadenet, cité par dom Bérengier dans sa *Notice historique sur Monseigneu de Cadenet-Charleval*. Document qu'à notre grand regret.nous n'avons pu consulter nous-même.

« elle eut résolu de persévérer dans son veuvage,
« elle chercha à s'isoler presque complètement
« de ses enfants et de la famille de François de
« Cadenet ». Tel est le sévère jugement porté
sur elle par dom Th. Bérengier dans sa *Notice
Historique sur Monseigneur de Cadenet-Charleval*. Un peu plus loin, le même auteur ajoute :
« César et Joseph perdirent donc, moralement,
« leur mère très peu de temps après que leur
« père fut descendu au tombeau. Enfin, elle
« exigea la restitution de sa dot, en argent, ce
« qui fut pour ses fils une mesure très rigou-
« reuse ». Heureusement pour eux que leur tante,
Marie de Cadenet (veuve de Cyprien d'Her-
mette, seigneur de Maillane) prit à cœur de
ne pas les abandonner et de suppléer par son
dévouement à l'absence des soins maternels.

A sa majorité, César — de par son droit d'aî-
nesse — prend possession de la fortune des
Cadenet et la direction des affaires de la famille.
C'est alors que devant l'étendue de sa nouvelle
responsabilité il comprend combien il est pénible d'entrer dans la vie sans y être guidé par
les sages conseils d'un père. Il lui faut surtout
lutter contre la jalousie des *Titoulets* de Lambesc ; « on appelait ainsi les petits gentilshom-
« mes de l'endroit. Presque tous jaloux de la
« grande position de la famille des Cadenet, ils

« cherchaient par tous les moyens à diminuer son influence et à restreindre ses droits féodaux »(1). Mais son frère Joseph est là qui l'aide à triompher de tous les obstacles. Grâce à leurs efforts communs les deux frères imposent silence aux jaloux et forcent l'admiration de tout le monde en se créant de brillantes positions. Joseph entre dans les ordres, devient en peu de temps grand vicaire d'Aix, abbé de Saint-Michel de Pessan (Auch) et enfin évêque et comte d'Agde. Quant à César, le cœur plein de généreuses pensées, il fonde — de toutes pièces — ce village de Charleval qui doit perpétuer à jamais le souvenir de son nom.

Jusque-là Charleval n'avait pas eu une bien grande importance, à proprement parler ce n'était qu'une vaste propriété en grande partie inculte. Acquise en 1677, par François de Cadenet, la seigneurie de Charleval avait été détachée de la partie basse de Valbonnette vers la fin du XVIe siècle (2) en faveur de la maison

---

(1) Dom Th. Bérengier — *Notice historique sur Monseigneur de Cadenet-Charleval.*

(2) Il ne nous est pas possible de mieux préciser la date. D'après Dom Téophile Berengier (*Notice historique sur Monseigneur de Cadenet-Charleval*) la terre de Charleval aurait été érigée en arrière-fief le 13 janvier 1598 en faveur d'Etienne d'Arquier, époux d'Isabeau de Cadenet. Cet auteur — généralement bien informé — est ici en contradiction avec le Livre de Raison d'Ambroise de Cadenet (f° 3) dans lequel

d'Arquier par Charles de Lorraine, d'où l'éty-
mologie de Charleval (vallée de Charles).

Telle est la véritable origine de Charleval et
non celle que lui donnent les auteurs de la *Statistique des Bouches-du-Rhône*, lesquels ont
confondu le fief de Valbonnette avec l'arrière-
fief de Charleval, auquel il a donné naissance.

Quoique presque inhabité, Charleval dépendait alors — quant à l'affouagement — de la
communauté de Rognes et — quant à la dîme
— de celle de la Roque d'Antheron. Les bois et
cadenières couvraient les trois quarts de son
territoire et, sauf un pavillon de chasse et
ses dépendances. il n'y avait pas d'autre
habitation. César de Cadenet adressa un
appel aux habitants des communautés envi-

---

celui-ci faisant mention du mariage de ses sœurs, dit : « L'an
mil cinq cent soixante-cinq, mon père a marié ma sœur
Catherine et Antoinette avec M. de Charleval et son frère ».
Plus loin (le 15 octobre 1587) — F° 230 du même Livre de
Raison — Ambroise fait la déclaration suivante : « Jay nourry
« en ma maison Estienne Arquier mon nepveu filz de cappitaine
« pierre Arquier mon beau-frère, lespace de quatorze années».
Donc 1° en 1565 les d'Arquier portaient déjà le nom de la
terre de Charleval. 2° Estienne Arquier était le neveu et non
le beau-frère d'Ambroise de Cadenet : d'ailleurs comme on à
pu le voir Isabeau épousa en 1605 Louis de Forbin. Enfin,
Pithon-Curt, l'historien de la *Noblesse du Comtat* parlant
du mariage d'Anne d'Arquier dit « Le 28 septembre 1596,
le seigneur de Colin épousa Anne d'Arquier fille de François,
seigneur de Charleval et de Catherine de Cadenet. »

ronnantes à la suite duquel soixante-quatre cultivateurs — la plupart de la Roque d'Antheron — consentirent à venir fonder le nouveau village. « La forêt épaisse et sombre — dit dom Bérengier — régnait encore partout à Charleval. A peine avait-on pratiqué quelques éclaircies dans le lieu même où devait s'élever le futur village. On placa d'abord sur les grands arbres, comme des jalons appréciables de loin, des pennons aux couleurs des Cadenet (azur et or) et l'on vit bientôt se dessiner ainsi la place centrale qui devait donner accès à l'Eglise, à l'Ecole et à la maison commune ou Mairie » (1).

Enfin, le 6 novembre 1741, eut lieu la signature de l'acte emphytéotique. Voici, dans son orthographe, la copie de cet intéressant document, véritable charte de la fondation de Charleval :

« L'an mil sept cent quarante un et le sixième jour
« du mois de Novembre après midy, sous le règne du
« très chrétien et très auguste prince Louis quinze
« de ce nom, par la grâce de Dieu, Roy de france
« et de navarre, Comte de ce présent paiis de Pro
« vence et terres adjacentes que longuement avec
« prospérité puisse régner : Par devant nous Notaire

---

(1) Dom Théophile Bérengier — *Notice Historique sur Monseigneur de Cadenet-Charleval* — (*Revue de Marseille*, Année 1862, page 398.

« Royal à Lambesc et les témoins cy après nommés,
« est comparu en personne Messire César de Charle-
« val, seigneur de Valbonnette Tamarlet et autres
« lieux lequel de son gré a donné à nouveau Bail et
« Titre amphytéotique aux nommés, sieur Joseph
« Mercurin bourgeois, sieur Jean Tertian, marchand,
« monsieur Hiacinthe Mercurin, Notaire Royal,
« sieur Pierre Mercurin, françois Garcin, Jean-Baptiste
« Gebouin, Claude Gebouin, Pierre Roussier, Jacques
« Roussier, Jean Palenc, André Barret fils de Pierre,
« Jacques frian, Jean-Baptiste Philip fils d'André,
« Jean Cournillon, Honoré Serre, Jean-Baptiste Bon-
» nard, fils de Jean-Baptiste, André Bonifay, Pierre
« Rey, Hugon Bonnard, Jean-Pierre Auphan, Jacques
« Perin de Jean, Jacques Perin de Louiis Perin frères,
« Jean Perin de Pierre, Jean-Baptiste Mercurin fils
« de Jean, Jean Vernet, Pierre Jourdan, Louiis Michel,
« Joseph Roussier fils de Jean, Jean-Baptiste Bonnard
« de Charles, françois Tertian, Joseph Barber,
« françois Philip, Jacques Armand, honoré Vernet,
« Joseph Brunel, André Brunel, Joseph Roussier
« de Mathieu, Estienne Brunel, Jean-Baptiste Bonnard,
« Joseph Barret, Pierre Chauvin, Joseph Roussier
« d'Antoine, françois Beraud, Antoine Vilevielle,
« Joseph Philip fils d'Estienne, Pierre Jacquème et
« à Jean Auphan, François Bertoulin, Antoine Audi-
« bert, Jean-Baptiste Chaussegros, Joseph Vilevielle
« et Jacques Guiran, Tous ménagers du lieu de la
« Roque d'Antéron, sieur Gabriel Boyer, médecin-
« chirurgien, Jean-Baptiste Breton du lieu de Bonnieu,

« Jacques Fabre, Gaspard Reynaud, Claude porte,
« ménagers de la ville de Lambesc, Claude Deluy,
« Joseph Douneau, Joseph Deluy, ménagers du lieu
« de Malemort, Jean Claude Souvaire, marchand du
« lieu de Mérindol, Estienne Sambuc du lieu de
« Saint-Estève de Janson, Et à Joseph Gabriel Seguin
« Bourgeois du lieu d'Aiguilles et à Jean fouque, mé-
« nager du dit Lambesc. »

« Tous ici présents acceptant et stipulant, excepté
« Jacques et Louis Perin et Jean-Baptiste Mercurin
« pour lesquels le dit sieur Joseph Mercurin s'est fait
« fort avec promesse de leur faire ratifier le présent
« dans quinze jours, sçavoir aux dits sieurs Joseph
« Mercurin, hiacinthe Mercurin, Pierre Mercurin,
« françois Garçin, Jean-Baptiste Gebouin, Jean Ter-
« tian, Claude Gebouin, André Barret de Pierre,
« Jean Claude Sauvaire Et à Joseph Gabriel Seguin,
« la contenance de sept charges (1) de terre labou-
« rable à chacun de deux mil cannes, chaque charge
« de ses terres de Charleval Valbonnette, Ensemble
« celles qu'il possède dans le Terroir de Malemort,
« Et à tous les autres ci dessus denommés la contenan-
« ce de trois charges (2) des mèmes Terres suivant la
« désination qui en sera faite en bon, médiocre et
« mauvais des Terres par les seigneurs de Char-
« leval ou son préposé consistant en Terres labou-
« rables et usage de la montagne couverte de Bois

---

(1) Environ 5 hectares 50 ares.
(2)   »   2 hectares 35 ares.

« dont les dits Preneurs ont déclaré estre pleinement
« informés, confrontant du levant Terre de Sainte
« Croix et partie de celle de Valbonnette apartenant
« à Monsieur de Mons, Conseiller en parlement, du
« midi Terre de Lambesc, du couchant celle de Tail-
« lade et de Bonneval et du septentrion celle de la
« Rouvière, le Petit fossé du Cinquain, Entre deux,
« le tout en bon état, franc les dits Biens de Cense
« Directe et autre, servitude envers d'autres seigneurs
« soumis seulement à la Taille envers les communautés
« des Lieux de Valbonnette et de Malemort, pour
« relever à l'avenir et à perpetuité de la majeure di-
« recte domaine et seigneurie du dit seigneur de
« Charleval. Et c'est sous la Pension féodale annuelle
« et perpétuelle de Vingt charges (1) Bled du plus beau
« de l'endroit ; payable à chaque jour premier sep-
« tembre de chaque année portée et rendue dans la
« maison du dit seigneur audit lieu de Charleval ou
« dans son chateau, franches et exemptes de toutes
« impositions et subsides faites et qui pourroient
« l'être à lavenir nonobstant toutes lois et déclara-
« tions à ce contraires a la disposition desquels ils
« ont expressément renoncé ainsy qu'ils renoncent,
« Laquelle pension féodale les dits amphitéotes pro-
« mettent la payer annuellement et perpétuellement
« à chaque Echéance solidairement l'un pour l'autre
« et l'un d'eux seul pour le tout sans division d'action
« ny ordre de discussion au Bénéfice de laquelle ils

---

(1) La charge, mesure d'Aix, équivalait alors à 16 décal. 316.

« ont expressément renoncé et renoncent Tant au
« dit seigneur qua ses successeurs ou ayant cause
« ainsy convenu de pacte expres et accordé dont ils
« seront tenus ainsy qu'ils le promettent faire le
« premier payement au premier mois de septembre
« de l'année mil sept cent quarante trois et à sem-
« blable et pareil jour ainsy continuant annuellement
« et perpétuellement Toujours sous l'action solidaire,
« Laquelle pension est faite et imposée au moyen de
« labandon que ledit Seigneur leur fait de l'usage de
« la montagne cy-dessus précisément désignée et
« confrontée, se réservant ledit seigneur la portion
« de Valbonnette attenante à la Baume et tant sur la
« susdite contenance du Terrain cy-dessus désemparé,
« que sur leurs réparations constructions et amélio-
« rations que les dits amphitéotes promettent d'y faire,
« La jurisdiction et directe universelle, le droit d'éta-
« blir et desiner les officiers de justice, le droit de
« lods (1) à raison du dix pour cent, la faculté de retenir
« par prelation (2) en tout cas de vente et change-
« ment de main ; Et au cas que par ce droit ledit sei-
« gneur possédat au dela de huit charges de Terre, il
« diminuerois sur la susdite pension de vingt char-
« ges Bled, la portion qu'un habitant payera pour sa
« cotte. Tout de même que s'il en possedoit une plus
« grande quantité, il diminuera toujours la dite pen-
« sion de vingt charges Bled, à proportion de l'aug-

____

(1) Droit perçu par le seigneur sur toute vente de terre.
(2) Droit de préférence exercé par le seigneur envers tout
autre acquéreur que lui dans la vente des biens.

« mentation qu'il en faira ; se réserve encore ledit
« seigneur le droit de Compensation de Commis
« caducité desherance (1) et généralement tous ceux
« qui apartiennent à la directe universelle : la chasse,
« les régales, les chemins, ponts et rues pour être
« toujour maitre de les Entretenir dans leur grandeur,
« quoique cependant ledit seigneur veuille bien donner
« aux habitants touts les arbres qui pourront se trou-
« ver le long des chemins et cest chacun devant leur
« propriété sans qu'ils puissent cependant saproprier
« ceux qui sont a présent le long du Canal de Crapon-
« ne, Et par cette Libéralité ledit Seigneur sera
« exempt de tous entretiens comme aussy il jouira de
« tous les droits honorifiques dont les dits Seigneurs
« ont le droit de jouir et de prétendre ; que le Conseil
« sera authorisé par le juge que le dit seigneur aura
« établi ou son lieutenant Toutes les fois que les dits
« amphitéotes s'assembleront pour les dites affaires de
« la Communauté a tous lesquels conseils assistera ou
« sera duement appellé le procureur dudit Seigneur
« qu'ils seront à cet effet tenus d'avertir trois jours
« auparavant ; que le jour de l'élection consulaire ils
« seront obligés de présenter trois personnes audit
« Seigneur pour l'une d'elles être Elue consul sur le
« choix qu'il en aura fait et ainsi continuant pour le
« second et troisième consul si on venait dans la suite
« à les Elire ; de plus il sera encore réservé douze

---

(1) **Droit de recueillir les biens des personnes mortes sans
héritier.**

« pans de terrain tout le long du fossé de Craponne
« tant dessus que dessous pour y établir un chemin
« libre le long duquel sera permis aux dits amphité-
« otes de planter des arbres du côté de leur propriété ;
« Le dit Seigneur se réserve encore du terrain pour y
« construire un parc qui sera franc de toute Taille et
« généralement de toute imposition ; le droit de Bu-
« cherer et de dépaitre dans la montagne, trois Trente-
« niers Bétail à laine francs de toute imposition aucas
« que la Communauté en établit quelqu'une ainsi que
« cela accorde à la Bastide de M. de Saint-Estève (1)
« aux conditions et restrictions portées par ses
« reconnaissances promettant les dits amphitéotes
« mettre et imposer sur toutes leurs susdites réserves
« et celles qui seront ci-après faites non plus que sur
« les Biens ci-dessus donnés à nouveau Bail aucun
« surcens ni autre servitude soit sur le fonds ou sur
« les méliorations et de n'en rien alienner ni trans-
« porter en main-morte et autres de droit prohibées
« aux conditions suivantes Sçavoir que les dits amphi-
« téotes donneront audit Seigneur le droit de Tasque
« au dizain, de tous les grains qui se percevront dans
« les dites Terres et cela en gerbes, à la réserve de
« tous les légumes qui seront francs c'est a dire que
« la dixième gerbe appartiendra audit Seigneur, les
« neuf retantes à l'habitant qui sera obligé de décla-
« rer par devant le greffier dudit Seigneur la quantité

---

(1) Très importante ferme avec habitation des maitres, dans
la commune de Lambesc, tout près de Valbonnette.

« des gerbes qu'il aura mis à chaque gerberon Et ce
« avant de les charrier à Lhaire ce qu'il pourra faire
« trois jours après la déclaration qu'il en aura faite,
« Et en cas qu'il survint quelque contestation au su-
« jet desdites déclarations la décision en sera faite sur
« le champ en comptant les dites gerbes devant deux
« hommes préposés pour cet effet, l'un de la part du
« Seigneur et l'autre des habitants et chacun payera
« le sien, la Tasque des amendes et noix sera perçue
« au dizain, dans la maison des particuliers, Et le
« même droit sera pris sur les olives dans le moulin à
« l'huile, le droit sur le vin et sur le chanvre sera au
« quinzain, le tout se payera sans dol ni fraude Et en
« cas de contravention le surplus de la denrée sera
« confisqué au profit du dit seigneur ; De plus lesdits
« amphitéotes seront tenus de payer les tailles et tou-
« tes les autres impositions que le roy et la province
« pourront mettre a l'avenir sur tous les biens qu'ils
« possederont ; Et a legard de l'arrosage, si le seigneur
« l'a franc, il le donnera de même à ses habitants et en
« cas qu'il ne le soit pas, les dits habitants traiteront
« avec Messieurs de la Campagnie de Craponne pour
« l'avoir en payant, Leur permettant cependant ledit
« seigneur de se servir de l'eau du fuyent du fossé du
« moulin de la Roque, En tant qu'il peut en avoir le
« droit et de la prendre et faire passer par où il sera
« le plus commode gratis pour toujours et sans inter-
« ruption de la part dudit seigneur et autres ayant de
« luy pouvoir et charge, les dits amphitéotes auront
« la faculté de faire dépaître leur Bétail gros et menu

« à l'exception neantmoins des chèvres ; personne ne
« pourra bâtir hors l'endroit désigné pour le lieu et
« suivant l'alignement qui sera donné par le Seigneur ;
« Larpentage et le Cadastre seront payés par les am-
« phitéotes, leur sera permis de faire à leurs frais et
« dépens une Tuilerie et à Montrésor, dans laquelle
« le seigneur aura les mêmes droits et privilèges que
« les amphitéotes tout comme de prendre la chaux
« qui leur sera nécessaire lorsqu'ils fairont un four,
« sur le pied de quatre sols le quintal ; Et pour cet
« effet ledit seigneur abandonne au corps de la com-
« munauté les Bâtiments qui y sont à présent pour
« s'en servir dorénavant pour ce que bon leur semblera,
« Ils auront la permission de couper pour leur chauf-
« fage et usage tant seulement du bois bas et chênes
« qui se trouvera à la dite montagne depuis la partie
« de Valbonnette apartenant à M. de Mons jusques
« aux terres de Lambesc, Taillades et Bonneval, sans
« pouvoir l'étandre audela ny l'arracher et transpor-
« ter ailleurs à peine de quinze livres d'amende pour
« les contrevenants et c'est seulement pour ce qui est
« du Bois de la Montagne que cette deffense est faite
« laissant le reste du Bois libre pour le transporter
« ou bon leur semblera lorsqu'il sera de nul produit ;
« il sera encore deffendu de couper du Bois aux en-
« droits où l'on pourroit endomager le Terrain par le
« manque du Bois ; Tous les pins en général tant gros
« que petits qui sont et seront à l'avenir dans la sus-
« dite forêt apartiendront au seigneur qui en fournira
« aux dits habitants pour la construction de leurs Bâ-

« timents et maisons pendant l'espace de quinze années
« Et au cas que quelqu'un vint à en couper sans per-
« mission il ne sera poursuivi que par devant les offi-
« cier dudit seigneur et payeront deux livres d'amende
« pour chaque contravention ledit seigneur abandonne
« à ses amphitéotes les pins qu'il otera à cause de la
« trop grande quantité ce qui s'appelle vulgairement
« sucurage aussy bien que les émondures Tant seulement
« et sans que cette libéralité de la part du seigneur
« puisse l'obliger à les faire émonder ny luy nuire ny
« préjudicier à aucun de ses droits directement ny in-
« directement, auxquels il n'entend déroger, se réser-
« ve encore ledit Seigneur les chènes Blancs de haute
« futaye dont les glands apartiendront cependant aux
« dits habitants et dont il pourra faire la coupe quand
« bon luy semblera ; Etant en outre de pacte expres
« convenu et accordé que personne ne pourra défri-
« cher dans le Bois des Cadenières (1) que de la per-
« mission et au lieu désigné par le dit seigneur, Et au
« cas d'abandon de tel défrichement pendant deux
« ans, qu'ils seront de plain droit réunis au domaine
« noble comme ils l'étaient auparavant, sans aucune
« sorte de formalité ; Et à l'égard des dites Terres
« qui sont actuellement labourables, au même cas d'a-
« bandon elles seront réunies au dit domaine après
« trois sommations faites à la Communauté sans di-
« minution de cause ny autre formalité, dont ledit

----

(1) Cadenière, lieu planté de genevriers (*Dictionnaire Provençal*).

« seigneur demeurera a toujours exempt ; Lesdits am-
« phitéotes s'obligent de faire construire un four à
« cuire pain, pour la construction duquel ledit sei-
« gneur leur permet de prendre les pierres nécessaires
« à sa carrière dans le Terroir de Lambesc et ce-
« pendant leur permet de se servir, en attendant, de
« celuy qui existe actuellement à Charleval ; Chacun
« des amphitéotes sera tenu de donner annuellement
« au dit Seigneur une poule grasse dans la semaine de
« la noel, ou bien douze sols ; Se réservant encore
« ledit seigneur la Bannalité (2) des dits moulins qui
« pourront être construits tant a Bled qu'a huile ainsy
« que le droit de faire passer l'eau pour les susdits
« moulins dans toutes les terres des particuliers et au
« besoin sera et de choisir le terrain propre et néces-
« saire pour la construction diceux et de leurs écluses,
« sans que pour raison de ce ils puissent prétendre
« aucune idamnité que la même quantité de Terrain
« que les Ecluses ou les moulins pourraient occuper
« tant seulement. Et que le droit de monture sera
« payé pour celuy à Bled au vingtain et pour celuy à
« huile vingt quatre sols par Moute de seize Emines
« pour le détritage ; Chaque particulier qui possedera
« la contenance de sept charges de terre pourra en
« mettre deux émines en pred et deux luchenes en

---

(1) Obligation pour les habitants de venir moudre leurs
grains au moulin du seigneur.

M. de Cadenet possédait aussi les fours banaux de Lambesc et lorsque, en 1758, la communauté racheta cette bana-
lité, les habitants durent payer le droit de Lods.

« jardin et les autres une Emine en pred et une luche-
« ne en jardin, ce qui sera franc de cense envers le
« seigneur ; de plus les dits habitants, ses successeurs
« et ayant cause seront tenus de passer à leurs frais et
« dépens nouvelle reconnaissance toutes les fois qu'il
« y aura mutation même de dix en dix ans s'ils en
« sont requis ; Et en dernier lieu que la dite pension
« féodale de vingt charges de Bled sera toujours
« payée par le corps de la Communauté en entier
« sans aucune division. Le tout ainsy convenu de
« pacte expres entre les parties et sans lequel le pré-
« sent ne seroit sorti à effet qui a été fait et passé pour
« et moyenant le droit d'acapte de dix perdrix que
« ledit seigneur a reçues avant ces présentes dont il
« les a tenus et les tient quitte ; Et sous toutes les
« susdites conditions le dit seigneur de Charleval
« s'est demis ainsy qu'il se demet de la susdite conte-
« nance de terre avec toute plus value, en a revêtu,
« saisi et investi les dits amphitéotes à ce qu'ils en
« puissent jouir et disposer dès à présent en l'état où
« le tout se trouve, à leur volonté sous toutes les
« clauses de droit à ce requises et nécessaires avec
« promesse de leur faire avoir et jouir le tout et leur
« être tenu de toute esviction générale et particulière
« envers et contre tous qu'il appartiendra, le tout à
« peine de tous dépens, domages et intérêts ; Et tout
« de suite sans divertir à autres actes les dits amphi-
« téotes reconnaissent Tenir et posséder sous la ma-
« jeure directe domaine et seigneurie dudit seigneur
« de Charleval, la susdite pension féodale de vingt

« charges Bled et autres conditions et réserves susdi-
« tes Et autres telles que de droit et pour l'observation
« de Tout le contenu au présent acte, les parties cha-
« cune pour ce qui les concerne aux qualités susdites
« obligent respectivement tous leurs biens et droits
« présents et à venir et par expres les dits amphi-
« téotes, toujours sous l'action solidaire la susdite
« contenance avec toutes les réparations, construc-
« tions et méliorations qu'ils y fairont, que tant eux
« que leurs successeurs et ayant cause tiendront au
« nom d'amphitéote perpétuel et constitut de pré-
« caire en faveur du dit seigneur de Charleval sans
« rien pouvoir hipotequer ny autrement aliener à son
« préjudice à peine de nulité de tous actes à ce con-
« traire dépens domages et interèt à toutes cours
« des soumissions et autres requises ainsy l'ont pro-
« mis jure et requis acte que a été fait et publié dans
« le château de Charleval en présence de sieur Jean-
« Baptiste Abel, ancien capitaine et Antoine desautel
« dudit Lambesc, témoins requis et soussignés avec
« le dit seigneur de Charleval Et sieurs Joseph Mer-
« curin, hiacinthe Mercurin, Pierre Mercurin, Jean
« Tertian, Jean-Baptiste Gebouin, Jean-Baptiste Phi-
« lip, Jean Perin, Joseph Roussier de Mathieu, Etienne
« Brunel, Claude Deluy, Mᵣ Boyer, Joseph Douneau,
« Jean Claude Sauvairé, Joseph Gabriel Seguin. Les
« autres ont déclaré ne sçavoir écrire de ce enquis (1).

---

(1) **Archives de Charleval.**

CHAPITRE IV

Fondation du Village

Son Organisation Administrative

Examen de l'Acte Emphytéotique. — Cérémonie de la fondation du village. — Limites et environs. — Difficultés du début. — Heureuse intervention du seigneur. — Construction de l'église. — Charleval succursale de la paroisse de La Roque. — Election des consuls. — La tuilerie. — Augmentation de la population. — La lutte entre le village et le château. — Pierre Bertrand. — Mort de César de Cadenet.

Ε Bail Emphytéotique que nous venons de citer donnait donc aux nouveaux habitants l'entière propriété du terrain moyennant une redevance annuelle et perpétuelle appelée : pension féodale. Les autres conditions imposées aux emphytéotes résultaient moins de l'Acte d'Habitation que de l'ensemble des droits seigneuriaux alors partout en usage.

En général, ces sortes de baux étaient consentis pour les terres gastes mises en culture et cédées — dans un but de spéculation — à quelques individus isolés. Aussi, malgré les avantages matériels et honorifiques réservés au seigneur par l'Acte Emphytéotique, l'aliénation volontaire de toute la meilleure partie d'un territoire au profit d'une collectivité, constituait-elle déjà par elle-même, une action méritoire. Et puis, que d'humanité dans la rédaction de l'acte : renvoi à deux ans du terme fixé pour le payement de la première pension féodale ; promesse de réduire le taux de cette pension selon les circonstances ; abandon des arbres qui se trouvent devant chaque nouvelle propriété, etc... Si M. de Cadenet est investi de toutes les prérogatives et droits donnés par la possession de la *Directe Universelle*, par contre, il accorde aux habitants le libre usage de la montagne et les avantages y afférents. Pour ce qui concerne les bois de construction, sa générosité va encore plus loin, il prend l'engagement de fournir gratuitement pendant quinze ans le bois nécessaire à l'édification des nouvelles maisons.

Cependant, là ne réside pas pour nous le principal mérite de M. de Cadenet ; en somme il y avait contrat, c'est-à-dire engagement réciproque et l'on peut toujours supposer en pareil cas un même intérêt pour tous les contractants. L'incontestable désintéressement du Fondateur de Charleval devait se manifester plus tard, dans l'application même des clauses du Bail. « Les habitants — y est-il dit — auront la permission de couper pour leur chauffage et usage du bois de chênes verds », et une coupe de ce bois opérée en 1757, produit à la Communauté un bénéfice de 400 livres, prouvant ainsi que ce droit n'était pas seulement limité à l'usage des habitants, mais qu'ils pouvaient aussi en retirer un bénéfice. La tuilerie devait être installée par les emphytéotes, elle le fut aux « frais et dépens » du seigneur.

Le droit de Tasque reçut aussi d'importantes modifications, toujours au plus grand profit des habitants. Si personne ne pouvait « bâtir hors l'endroit désigné et suivant l'alignement donné par le seigneur », ce dernier n'était en aucune façon obligé de participer à la dépense nécessitée par toutes ces constructions ; sa bourse pourvut à tous les frais puisque — d'après l'abbé Constantin — « chaque maison revint au Fondateur en sus du prix des matériaux 601 livres 15 sous (1) ». Rien ne lui prescrivait non

----

(1) **Abbé Constantin** — *Les Paroisses du Diocèse d'Aix.* **Pages 501, 502.**

plus de veiller au bien-être de ses emphytéotes, sa sollicitude pour eux ne fut jamais en défaut. C'est au point qu'il se préoccupait même de leur situation morale, car — toujours d'après l'abbé Constantin, « il ne manquait pas de dire « souvent en présence des maçons à l'œuvre, « le premier verset du psaume CXXVI : *Si le* « *Seigneur ne construit pas lui-même la mai-* « *son, c'est en vain que travaillent ceux qui* « *bâtissent* », accompagnant le texte de toutes « les explications capables de le faire mieux « apprécier par ceux qui l'écoutaient (1). »

Enfin, la bonté, la générosité de ce modèle des gentilshommes, son véritable amour du prochain, sa réelle pitié pour les humbles, tout prouve qu'en cette circonstance, il eut moins en vue ses propres intérêts que ceux des emphytéotes. Voilà pourquoi en se dépouillant de sa terre de Charleval et en fondant le village de ce nom, M. de Cadenet accomplit une œuvre philanthropique dont il faut lui savoir gré.

Le Décret du 18 décembre 1790, en supprimant l'Emphytéose perpétuelle, vint rompre ce contrat.

L'Acte Emphytéotique enregistré, les futurs

---

(1) Abbé Constantin — *Les Paroisses du Diocèse d'Aix*. Page 502.

habitants prirent officiellement possession du terrain à eux destiné. Après la cérémonie religieuse de la bénédiction des champs et de l'emplacement destiné au nouveau village, M. de Cadenet voulut — pour consacrer cette solennité — réunir autour de lui, dans un grand repas pris en commun.tous ses emphytéotes et leurs familles (1). Pieuse et noble pensée, bien digne de l'âme généreuse du fondateur de Charleval. Ces femmes, ces enfants, ces robustes cultivateurs, ce peuple enfin, assis à la table du seigneur, partageant son repas, écoutant ses bienveillants conseils, quel touchant tableau !

L'emplacement du village était merveilleusement choisi. Au Sud, à moins d'un kilomètre, ce sont les escarpements touffus du groupe des *Costes*. Cette partie de la Trévaresse ne le cède en rien comme beauté, aux magnifiques vallons de Saint-Christophe ; on y trouve la même végétation, la même variation dans le pittoresque des sites, les mêmes ombrages délicieusement embaumés. Au Sud-Ouest, c'est la belle forêt des Taillades (2) et le *Puech de*

---

(1) Abbé Constantin — *Les Paroisses du Diocèse d'Aix*. Page 501.

(1) Ce nom viendrait de la *taillade* faite dans la colline en 1714, lors de l'établissement de la nouvelle route royale, laquelle passait avant par La Barben et Aurons, (*Statistique des Bouches-du-Rhône*). Tome II, page 940.

Valoni que séparent la grande route de Pont-Royal et les collines de *Camp-Blanc*. Puis, à 350 mètres d'altitude, le château du Vernègues (1) profilant sur le ciel bleu la silhouette grise de ses vieux murs. A l'Ouest, c'est Mallemort, la trouée d'Orgon. Au Nord — et à environ cinq kilomètres — le regard est arrêté par le massif montagneux du Lubéron que précède toute une série de ravissants mamelons verts aux gracieuses ondulations. Cette chaîne n'offre aucuns sommets culminants, ni crêtes dentelées, mais une même et longue ligne vert pâle — un peu violacée — allant du côté de Pertuis se fondre dans les teintes de plus en plus indécises du paysage.

Le canal de Craponne arrose la nouvelle Communauté pour laquelle il est, tout à la fois, un agrément et une promesse de prospérité. L'action bienfaisante de ses eaux limoneuses ne va pas tarder à se faire sentir. De nombreux ruisseaux sillonneront bientôt le territoire et s'en iront porter dans les terrains jadis incultes, la vie et la fécondité.

Tout sourit au village naissant. L'agriculture jusque-là délaissée vient, grâce à la sollicitude des *Assemblées Générales des Communau-*

---

(1) Ancienne forteresse féodale dominant le village de ce nom.

tés (1), de recevoir une impulsion nouvelle. Les grands vignobles (2) commencent à se multiplier en Provence. A Aix, une réunion de savants et d'agriculteurs — embryon de la *Société Provençale d'Agriculture* — s'occupe d'étudier les nouveaux procédés de culture, leur application, ou bien encore du perfectionnement des anciens moyens.

Charleval-lez-Valbonnette, comme on l'appelait alors, était loin d'avoir la superficie de la commune actuelle. Le territoire se limitait aux seules terres de Charleval. Sainte-Croix, Bonneval et La Royère formaient autant de domaines particuliers absolument indépendants les uns des autres. Leur réunion sous une seule autorité administrative est l'œuvre de la Révolution. De cette époque date la constitution territoriale de la commune actuelle sous le nom unique de Charleval.

Les commencements de la nouvelle Communauté furent particulièrement pénibles. Il fallait, tout à la fois, défricher la forêt, prépa-

---

(1) Depuis la suppression des anciens Etats de Provence, en 1639, on appelait ainsi les réunions tenues annuellement à Lambesc par les représentants de toutes les communes de Provence.

(2) Le droit de planter les vignes ne fut rendu accessible à tout le monde que vers cette époque.

rer les terrains et construire le village. Certes, les nouveaux emphytéotes se mirent courageusement à la besogne, mais leur bonne volonté, leur opiniâtreté au travail, toute cette belle ardeur du début vint bientôt se heurter à des difficultés sans nombre, même à des embarras financiers. Comment pouvait-il en être autrement ? Il fallait tout créer, tout organiser, faire face aux dépenses sans avoir encore retiré aucun bénéfice de la nouvelle exploitation. Heureusement pour eux, M. de Cadenet est là, veillant avec un soin jaloux sur la prospérité de son œuvre et le bonheur de ses emphytéotes. Grâce à son expérience de la vie et des affaires, à ses sages conseils, à sa bourse toujours ouverte, les obstacles s'aplanirent les uns après les autres. Et quand chacun eut sa maison, quand tout le village fut construit, quand les premières récoltes eurent un peu dédommagé les nouveaux habitants de leurs peines, alors seulement et pas avant, M. de Cadenet fit bâtir le château sur l'emplacement de l'ancien pavillon de chasse qui jusque-là avait servi de demeure seigneuriale. C'est ainsi que le fondateur de Charleval, le premier citoyen de la cité naissante, voulut être le dernier à y posséder son habitation.

La construction de l'église traîna jusqu'en

1745(1). La dépense s'éleva à 1861 livres, somme à laquelle le seigneur voulut contribuer pour 1050 livres (2). Quelques années après, le percement des deux chapelles occasionna une nouvelle dépense de 450 livres, « réduites à 142 livres par suite de la participation du seigneur » (3). Devant les marques d'une telle générosité, on ne pouvait moins faire que de placer la nouvelle église sous le vocable de Saint-Césaire, patron de M. de Cadenet.

Charleval fit d'abord partie de la paroisse de la Roque d'Anthéron, mais des difficultés s'étant élevées entre le curé de cette paroisse et ses nouveaux administrés au sujet des baptêmes et autres cérémonies religieuses, le seigneur intervint si efficacement qu'il réussit, en 1754, à faire classer l'église, « attendu — dit la Délibération — le nombre considérable d'habitants qui sont dans Charleval » (4). Le Chapitre de Saint-Sauveur persistant néanmoins à ne voir dans le nouveau curé de Charleval qu'un simple secondaire aux honoraires de 150 livres, le Conseil — pour améliorer la situation du titu-

---

(1) Pendant les premiers temps, la messe fut dite le dimanche dans une chapelle provisoire située dans le voisinage du château, probablement à Sainte-Croix.
(2) Archives de Charleval — Registre des Délibérations.
(3) Id.
(4) Archives de Charleval — Registre des Délibérations.

laire de la cure et « l'empêcher qu'il ne quitte la paroisse comme l'ont fait ses quatre prédécesseurs » (1) décida (séance du 8 mai 1755) de lui accorder une subvention de 50 livres à charge pour lui de diriger l'école.

Le village est administré par un consul, placé sous l'autorité supérieure du seigneur et du Viguier ou Lieutenant de Juge nommé par M. de Cadenet. Ce fonctionnaire, véritable représentant du pouvoir central auprès de la Communauté, autorisait et surveillait les réunions du Conseil (2). Au point de vue juridique, Charleval dépendait de la Juridiction Royale dans le ressort de laquelle la justice seigneuriale était placée.

Le jour de l'élection, le consul ayant terminé son mandat devait aller, revêtu du chaperon, prendre le Juge à son domicile et le conduire au lieu de réunion ; la même cérémonie avait lieu au retour et avec le nouveau consul. Voici à ce sujet les formalités observées pour cette élection. Tous les ans au mois de décembre, les « divers particuliers et possédant biens dans le terroir de Charleval » réunis en assemblée générale dans la salle du rez-de-

----

(1) Archives de Charleval — Registre des Délibérations.
(2) C'est-à-dire l'Assemblée Générale des Emphytéotes.

chaussée du château formaient parmi eux une liste de trois membres parmi lesquels le seigneur choisissait le plus apte et le plus digne de remplir la charge. Un greffier — fourni le plus souvent par la Communauté de la Roque — lui était adjoint. Plus tard, il y eut aussi un trésorier, deux estimateurs, un champier et enfin un valet de ville.

Réalisant la promesse faite par l'Acte Emphytéotique au sujet de la construction d'une tuilerie, M. de Cadenet abandonne sa terre de *Mon Trésor* à la condition pour la Communauté d'y établir et d'exploiter cette industrie. La combinaison ne réussit pas et M. de Cadenet en fut pour la donation du terrain. Loin de se décourager, il voulut installer « à ses frais et dépens » (1) une tuilerie sur le fossé méridional du Canal de Craponne (2). Quoique la nouvelle tentative paraisse avoir eu plus de succès que la précédente, cette industrie ne dut jamais être bien prospère puisque peu après, en 1761, les tuiles nécessaires à la construction du cimetière furent fournies par la tuilerie de Valbonnette.

L'union la plus étroite régnait entre le village et le château et cette union paraissait d'au-

---

(1) Archives de Charleval — Registre des Délibérations.
(2) Probablement où se trouve aujourd'hui la rue de la Tuilerie.

tant plus durable qu'elle était basée non pas seulement sur la simple reconnaissance des services rendus, mais encore sur la réciprocité d'une même estime. Partout, en Provence, on parlait de ce village modèle où seigneur et vassaux vivaient en si bonne harmonie.

Le succès obtenu par la fondation de Charleval fit surgir des imitateurs. C'est en 1745 le comte de Panisse fondant le village de Lamanon, et Georges de Roux, échevin de Marseille, celui de Brue dans le Var, en 1752.

La population de Charleval augmentait sans cesse. Tous les cultivateurs des environs voulaient venir y habiter ; mais pour avoir droit de cité, le nouvel arrivant devait observer certaines formalités : déclarer son lieu d'origine, son dernier domicile, enfin, prouver son honnêteté. Au point de vue des impôts, une distinction était faite entre les nouveaux venus et les premiers habitants. C'est ainsi que dans sa séance du 30 avril 1761, le Conseil fixe la taille sur le pied de 4 livres par charge de terre pour les nouveaux taillables et 2 livres 5 sols pour les anciens. D'ailleurs — à peu près vers cette époque — la formule administrative ordinairement employée pour la convocation du Conseil et qui primitivement était « Les habitants et possédant biens du lieu de Charleval » est remplacée sur les registres des Délibérations par la suivante : « Les habitants possédant biens et emphytéotes anciens et modernes. »

Cet accroissement de population — gage de prospérité pour le pays — ne devait pas tarder à susciter de nombreux ennuis à M. de Cadenet. Les étrangers insufflèrent dans Charleval un esprit nouveau, conséquence des idées libérales qui commençaient alors à circuler en France. Les têtes s'échauffèrent. Les mots de Justice et de Liberté prirent pour tous ces braves gens une signification nouvelle. On discuta, on raisonna, on entrevit enfin la possibilité d'un sort meilleur. Dès ce moment s'ouvre la longue série des difficultés entre seigneur et vassaux : la lutte du village contre le château. Certes, les habitants de Charleval étaient heureux sous la paternelle autorité de M. de Cadenet, mais. . . ils n'étaient pas libres. Leur bonheur, ils le devaient à la volonté d'un maître. Pris individuellement, ils chérissaient toujours leur bienfaiteur ; réunis en conseil, chacun perdait sa personnalité pour former un *Tout abstrait*, une collectivité franchement hostile à l'autorité seigneuriale. Le peuple commençait à avoir conscience de sa force, et, de même que l'adolescent devenu adulte veut secouer le joug paternel, les habitants de Charleval ne voulurent bientôt plus supporter de tutelle. M. de Cadenet en éprouva une grande tristesse ; malheureusement, il ne sut pas comprendre l'évolution sociale qui poussait alors le peuple vers son indépendance et, en aurait-il compris toute la portée, toute la grandeur, qu'il ne lui aurait pas été possible de s'y prêter. Il arrivait trop tard ou trop tôt : il n'était pas de son siècle.

Si le nouveau village possède une église il n'a encore ni mairie, ni four communal. Les habitants vont faire cuire leur pain au château et paient pour cela, au seigneur, une redevance annuelle appelée *droit de fournage* (1). La construction du four date de 1760 et demanda deux ans, le Conseil — vu l'état précaire des finances — ayant sagement décidé de réunir les matériaux pendant la première année et de ne les employer que dans la seconde, afin de séparer le prix d'achat du coût de la main-d'œuvre. Jadis, la bourse de M. de Cadenet se fût trouvée là, juste à point pour couvrir la dépense ; les temps ont bien changé depuis.

Cependant, l'intention de se soustraire à l'autoité seigneuriale ne s'est pas encore déclarée ouvertement. Elle se manifesta officiellement pour la première fois, à la séance du 24 mai

______

(1) Les habitants portaient leur pain le même jour.

1759, à propos du droit de Tasque (1). L'Assemblée décida ce jour-là « de faire consulter 3 avocats pour savoir si le dit seigneur a droit à la tasque sur les arbres fructiers » (2). L'année suivante — le 15 mai 1760 — le Conseil va plus loin, et délibère de réduire de son propre chef, le taux de la pension féodale. Malgré tout, les relations entre le village et le château restent relativement cordiales.

Le premier choc sérieux eut lieu à propos de la nomination de Pierre Bertrand aux fonctions de consul pour l'année 1761. Comme tous les ans, les habitants réunis en assemblée générale avaient désigné trois noms parmi lesquels celui de Pierre Bertrand. M. de Cadenet n'en voulut accepter aucun, « les candidats étant illettrés ou ne pouvant pas répondre pécuniairement de leur administration » (3). Devant ce

---

(1) La Tasque était le droit prélevé par le seigneur sur la récolte de certains arbres fruitiers. Elle n'était perçue que sur les fruits restant, après le prélèvement de la dîme et non sur la totalité de la récolte. (*Recueil de Jurisprudence Féodale.* Tome II, page 307.

Pour se soustraire au payement de ce droit les habitants — profitant de la grande mansuétude montrée en toutes circonstances par leur seigneur — remplaçaient les arbres fruitiers par d'autres non soumis à la Tasque. C'est au point que cette année-là 2500 amandiers ayant été arrachés et remplacés par des mûriers, M. de Cadenet demanda et obtint du Lieutenant Général, l'autorisation de reporter le droit de Tasque sur ces derniers arbres (archives de la famille de Jessé-Charleval)

(2) Archives de Charleval — Registre des Délibérations..

(3) id.

refus, l'Assemblée passant outre, nomma Pierre Bertrand, le premier sur la liste présentée. Ce fut la rupture. A partir de ce jour, M. de Cadenet n'assista plus aux séances, et s'y fit repré senter par un fondé de pouvoir.

Un an après, le 19 décembre 1762, les habitants réunis pour l'élection consulaire, entendent la protestation de M° Hubert, avocat en la Cour, parlant au nom de M. de Cadenet, au sujet de leur conduite lors de l'élection précédente et de « la continuation des tergiversations exercées envers ledit seigneur » (1). Pierre Bertrand, consul, prend la parole ; il fait ressortir que l'acte consacrant la séparation des territoires de Valbonnette et de Charleval n'a pas encore été enregistré. Or, ce retard — dit-il — ayant une influence sur la quotité des impôts et cela constituant un véritable préjudice à l'encontre des habitants, il a cru bon de refuser de payer au Receveur de la Viguerie la part contributive des impositions due par la Communauté pour l'année 1762. Il proteste ensuite contre la défense faite par le seigneur aux habitants — et à lui Pierre Bertrand — de venir puiser de l'eau à l'unique puits du pays, celui du château. C'est là —

____

(1) **Archives de Charleval — Registre des Délibérations.**

ajoute-t-il — un véritable abus de pouvoir, la commune ayant toujours participé aux frais nécessités par les réparations. Devant l'arbitraire d'une telle interdiction il a dû, au nom de la Communauté, faire assigner M. de Cadenet devant le Lieutenant Général « afin qu'il soit fait défense au dit seigneur de troubler les habitants en les empêchant d'aller puiser de l'eau » (1). De plus, Pierre Bertrand fait part à l'Assemblée du refus opposé par le seigneur de soumettre à l'arbitrage toutes les questions qui divisent le village et le château. Enfin, en dernier lieu, il déclare son mandat terminé et invite l'Assemblée à procéder à l'élection d'un nouveau consul.

M⁰ Hubert, représentant de M. de Cadenet, traite de « verbiage » les justes revendications de ce courageux citoyen. Il expose que le mandat du sieur Pierre Bertrand étant expiré, celui-ci n'est plus qualifié pour traiter des affaires de la Communauté. Pierre Bertrand se lève et proteste énergiquement au nom des droits de cette même Communauté. Il adjure le Conseil de délibérer d'urgence sur toutes ses propositions et signe sa déclaration.

Dans la longue liste des magistrats qui

____

(1) Archives de Charleval — Registre des Délibérations,

administrèrent Charleval, Pierre Bertrand —
par sa nette compréhension des intérêts de la
Communauté — mérite d'occuper une des meilleures places. Il était « trop illettré » pour faire
un consul, disait M. de Cadenet, et cet igno-
rant, ce paysan tient son seigneur en échec, le
traduit devant les tribunaux, le traite sur un pied
d'égalité en lui proposant l'arbitrage. Non content de cela, fort de son droit et des intérêts con-
fiés à ses soins, il résiste avec une indomptable
volonté aux ordres même du pouvoir central,
refusant de payer la contribution communale.
C'est en vain que le Receveur de la Viguerie
décerne contre lui une contrainte, il y fait
opposition. Ce manant était, tout à la fois,
habile administrateur, bon avocat, excellent
citoyen, patriote éclairé : c'était un caractère,
un homme.

Effrayée par tant de hardiesse, l'Assemblée
ne voulut pas suivre Pierre Bertrand dans cette
voie de résistance. Selon le désir exprimé par
M⁰ Hubert, elle décida de renvoyer à une autre
séance le soin d'apprécier la suite à donner à
toutes les affaires dont l'ancien consul avait
parlé. Puis, trois noms ayant été proposés, le
seigneur — après avoir désapprouvé les paroles
de Pierre Bertrand — choisit Jacques Bonnard.

Le premier acte du nouveau consul fut de

se faire adjoindre deux auxiliaires qui, sous le nom « d'estimateurs », devaient le seconder dans sa tâche administrative. Ce consulat n'eut pas l'éclat du précédent ; aucune des importantes questions soulevées par Pierre Bertrand n'y fut solutionnée. Par une sorte de trêve tacitement convenue de part et d'autre, les relations entre le village et le château s'amélioraient de jour en jour. La réconciliation était même sur le point de se faire, quand la mort vint brusquement frapper M. de Cadenet, l'enlever à l'amour de sa famille et — disons-le pour l'honneur de Charleval — à l'affection des habitants. Déjà, depuis quelque temps, le Fondateur de Charleval traînait une existence malheureuse « devenu presque aveugle, il recourait au desservant Bosse pour écrire sa correspondance ; l'instituteur, de son côté, lui lisait les livres nouveaux » (1). Le changement survenu dans la situation morale de « ses chers emphytéotes » l'avait surtout beaucoup éprouvé.

M. de Cadenet mourut en avril 1763, à l'âge de 55 ans. De son mariage avec Marie de Montvallon, en 1734, il avait eu trois fils : François son héritier ; Joseph qui entra dans les ordres ;

____

(1) Abbé Constantin — *Les Paroisses du Diocèse d'Aix*. Page 498.

César-Auguste, lieutenant-colonel au régiment de Royal-Vaisseaux, mort victime de la Révolution en 1794, et une fille — Rosalie — qui épousa le 10 septembre 1764, le baron Antoine de Jessé. Plus tard, en 1824, la descendance mâle des Cadenet étant venue à s'éteindre, un fils né de ce mariage — Alphonse de Jessé — héritera de la fortune et du nom des seigneurs de Charleval.

Si l'œuvre philanthropique de M. de Cadenet ne lui procura que déboires (1) ; si, en semant le bien, il récolta l'ingratitude, du moins avant de mourir eut-il la douce illusion de croire à la reconnaissance tardive de ses vassaux.

Nous l'avons dit, et nous ne saurions trop le répéter, M. de Cadenet n'était pas de son siècle. Il eut le tort de venir au moment où le peuple voulait être le propre artisan de son bonheur. Dans la grande famille emphytéotique de Charleval, pourquoi ce frère riche était-il le dispensateur de la liberté de ses frères pauvres ? L'homme ne voulait plus d'aumônes, il

---

(1) Les Archives départementales possèdent une partie de la correspondance adressée par M. de Cadenet aux Procureurs du Pays dans laquelle il se plaint amèrement des difficultés rencontrées sur sa route. Ces lettres pleines de philosophique modération, respirent le plus pur amour du prochain; elles ont toutes pour but l'intérêt des habitants, la prospérité de Charleval ; leur lecture, seule, suffirait à faire aimer la mémoire de cet homme de bien.

voulait son droit. On respectait le bienfaiteur, on appréciait toujours l'inlassable bonté du gentilhomme, mais on détestait le *Maître*.

Malgré ses qualités, ses rares vertus, M. de Cadenet représentait trop le passé, les siècles d'oppression alors qu'autour de lui tout parlait d'avenir et d'émancipation.

CHAPITRE V

Les Progrès de la Communauté

Le premier Maire. — Transaction entre les
habitants et le seigneur. — Amoindrisse-
ment de l'autorité seigneuriale. — Règlement administratif. — Séparation des
territoires de Valbonnette et Charleval.—
Adjudication de la rente du four. — La
Mairie. — Description du village. — Bail
pour la fourniture de la viande de boucherie. — Embarras financiers. — Considéra-
tions sur l'Histoire de la Provence à la
fin du XVIIIe siècle.

ADAME de Cadenet, agissant au nom
de son fils aîné, signe pendant quelque temps les actes administratifs et
procède au choix des consuls. Sauf la réélection
de Pierre Bertrand en 1766, et la nomination
de Laurent Michel comme *Maire et consul* (1)

____

(1) C'est la première fois que le mot « *Maire* » figure sur
les Registres de Délibérations.

pour l'année 1767, aucun fait important n'est à signaler jusqu'en 1768.

Chaque année, vers la fin décembre, les habitants réunis en assemblée générale dans la maison de Pierre Bertrand (1), fournissaient comme par le passé une liste de trois noms parmi lesquels le seigneur choisissait le consul. Un procès-verbal signé par tous les participants attestait la validité de l'élection et le nouveau consul était proclamé devant le peuple assemblé.

En 1768, nous trouvons Pierre Sallat, consul ; Laurent Michel et François Fourniller, estimateurs. Ce consulat, un des meilleurs, fut fertile en événements heureux pour la Communauté. C'est d'abord le règlement par une transaction, des principales contestations divisant le village et le château. Le nouveau seigneur (2) se montra fort libéral et consentit même à l'abandon d'une partie de son droit sur la tasque. De plus, il prit l'engagement formel de faire enregistrer, dans les trois jours, le fameux acte

---

(1) Depuis la rupture des relations entre le village et le seigneur on ne se réunissait plus dans le château, mais dans la demeure de Pierre Bertrand.

(2) Messire François de Cadenet, seigneur de Charleval, conseiller du roy en ses conseils, Président en la Cour des Comptes, Aides et Finances de Provence, fils aîné du Fondateur de Charleval.

de séparation des territoires de Valbonnette et de Charleval. Il promit, en outre, d'abandonner la procédure « prise contre Pierre Auphan « et Honnorat Serre pour avoir joué aux bou- « les un jour ouvrable » (1) et d'annuler la sentence condamnant Pierre Porte à 10 livres d'amende « pour être arrivé à la pointe du « jour du dimanche, au lieu de Charleval avec « son mulet chargé » (2).

De ce moment nous verrons l'autorité seigneuriale déjà bien amoindrie s'en aller chaque jour lambeau par lambeau, et toutes les réclamations présentées par la Communauté seront autant de victoires gagnées par elle. C'est ainsi que sous prétexte d'éviter de nouveaux motifs de discorde avec le seigneur, mais en réalité pour l'éloigner des affaires, on élabora peu après le règlement suivant :

Article premier

« Le premier consul pour estre éleu possedera 3 « charges de terre, et le second 2 charges au moins « au choix de la Communauté »

Art. 2

« Il sera nommé 8 conseillers de ville annuelle- « ment, ou de 3 en 3 ans, ou de 2 ans en 2 ans au

----

(1) Archives de Charleval — Registre des Délibérations.
(2) Id.

« choix de la communauté, dont 4 possédant 3 char-
« ges de terre et les autres 2 charges. Ces derniers res-
« teront en charge lors de la nouvelle élection des
« premiers, pendant une année, 2 ou 3 ans au choix
« de la Communauté. »

Art. 3

« Il sera nommé annuellement 2 auditeurs de
« compte qui posséderont chacun 3 charges de terre. »

Art. 4

« Il sera nommé annuellement deux intendants de
« police. »

Art. 5

« Les débiteurs de la Communauté et ceux qui au-
« ront procès et différent avec la communauté ne pour-
« ront pas entrer au conseil ny estre éleu à aucune
« charge. »

Art. 6

« Les parents jusqu'à cousin germain inclusivement
« seront receux au conseil mais s'ils sont de la même
« opinion, leurs voix ne compteront que pour une
« voix. »

Art. 7

« Le conseil, pour les affaires extraordinaires sera
« composé de 20 délibérants dont 6 posséderont 4
« charges de terre, 6 autres, trois charges, 4 autres, 2
« charges, et les autres 4, une charge au moins. Et
« pour les affaires ordinaires le dit conseil sera com-
« posé de 8 délibérants dont 2 posséderont 4 charges
« de terre, 2 autres, 2 charges et les autres, 1 charge
« au moins. »

ART. 8

« Il sera élu annuellement un greffier pour les
« affaires de la communauté en ce lieu ou autrui (1)
« et un agent lorsqu'elle le jugera nécessaire, en la vil-
« le d'Aix, pour celles qu'elle aura en la dite ville. »

Ce règlement fut appliqué pour la première
fois le 12 novembre 1769, à propos des élections. A partir de cette époque l'ancienne formule « …les habitants possédant biens, emphy-
« téotes anciens et modernes » est remplacée
dans les actes administratifs par la suivante :
« …le Conseil général (2) de la Communauté
« de ce lieu. »

Enfin, sous ce consulat, eut lieu la séparation
effective des territoires de Charleval et de Valbonnette.

Quand M. de Cadenet distribua, par acte
emphytéotique, sa terre de Charleval, il y
ajouta une portion du territoire de Valbonnette
dont il partageait la seigneurie avec M. de Mons
de Villeneuve. Or, en devenant roturière, la
partie aliénée par M. de Cadenet perdait tous

---

(1) Ce greffier était le plus souvent un habitant de La Roque.
(2) Le Conseil général de la Communauté se composait
de l'ensemble des chefs de famille. Plus tard, sous la Révolution. il sera formé par la réunion. en une seule Assemblée, du
corps municipal et de celui des notables, à raison de deux
notables par membre du Corps municipal,

les avantages alors attachés aux biens nobles. Il y avait donc un grand intérêt — au point de vue fiscal — à délimiter au plus tôt, d'une façon précise, la partie de Valbonnette soumise à de nouvelles charges afin de réduire celles-ci à leur minimun, c'est-à-dire, de les borner au seul territoire de Charleval et non à l'ensemble des terres de Valbonnette.

Voici en quels termes *l'Assemblée Générale des Communautés* s'était prononcée en 1751 sur cette séparation : « En conséquence d'une con-« vention passée entre M. de Morel de Ville-« neuve, seigneur de Mons, Valbonnette et « Sainte-Croix, Conseiller au Parlement, et le « sieur Pierre Cézar de Tamarlet, seigneur de « Charleval, le 4 février 1751, portant entr'au-« tres choses que la Communauté de Valbon-« nete qui comprend les tenemens de Sainte-« Croix et de Charleval, seroit divisée sous le « bon plaisir du Roy, et avec le consentement « du Pays, en deux Communautés distinctes et « séparées, sous les noms de Valbonnete-les-« Sainte-Croix, et de Valbonnete-les-Charleval; « lesquelles deux Communautés demeureroient « à l'avenir et à perpétuité, séparées par le « chemin qui va du Colombier au terroir de « Lambesc et que néanmoins les terres et bois « qui sont dans le terroir de Valbonnete au

« quartier de la Baume et contigus à la bastide
« de la Baume appartenante au sieur de Char-
« leval, ne feroient point partie de ladite Com-
« munauté de Valbonnete-les-Sainte-Croix et
« au contraire demeureroient, comme elles ont
« toujoûrs été, dans le Fief, Jurisdiction et Com-
« munauté du sieur de Charleval ; les dits sieurs
« de Mons et de Charleval ont présenté une
« requête au Roy, aux fins qu'il plût à Sa
« Majesté ordonner que cette convention seroit
« exécutée selon sa forme et teneur ; ce faisant
« que les susdites deux Communautés des dits
« sieurs de Mons et de Charleval, ou leurs
« habitans et emphitéotes, présens et avenir,
« seront désunies, divisées et démembrées à
« perpétuité, pour payer par les dites deux
« Communautés, chacune en droit soi, tant les
« impositions de Sa Majesté que celles du Pays
« ou des dites Communautés séparément ; les-
« quelles auront chacune la gestion de leurs
« biens communs et l'administration politique
« de leurs affaires, à l'effet de quoi elles seront
« dénommées à l'avenir, la partie appartenant
« au sieur de Mons (1), Valbonnete-les-Sainte-
« Croix, et celle qui appartient au sieurde Char-

---

(1) Voir cette famille au chapitre de Sainte-Croix.

« leval et à ses emphiteotes, Valbonnete-les-
« Charleval » (1).

Après une étude de la question par les Procureurs du Pays, *l'Assemblée générale des
Communautés* avait autorisé cette séparation.
Les opérations de partage commencèrent le 12
Juin 1753, en présence des deux seigneurs intéressés. La ligne de division partait du *Pont du
Colombier*, traversait le *Pont de Reynaud,* la
route de La Roque à Mallemort, les Cadenières (2)
et le bois, pour aller aboutir au sommet d'un
mamelon, près d'une carrière de pierre, au
point même où le vieux chemin de Lambesc
séparait cette commune du territoire de Valbonnette (3).

Le défaut d'enregistrement avait empêché
jusque-là de rendre cette séparation défini-
tive.

Si Charleval est doté d'un Règlement admi-

---

(1) *Abrégé du Cahier des Délibérations de l'Assemblée générale des Communautés du pays de Provence.* Année 1751.
Pages 62-63-64

La séparation des territoires de Valbonnette et de Charleval
fut confirmée par une Ordonnance royale du 15 janvier
1766.

(2) Lieu planté de genevriers. *Cade* en provençal.

(3) Le partage se fit par les soins de J. L. Mouret, géomètre. Les formalités durèrent trois jours, nécessitèrent la pose de
24 bornes et coûtèrent 72 livres.

nistratif, il n'a pas encore d'Hôtel de Ville (1) ;
c'est à peine, on a vu au prix de quelles difficultés, si la commune a pu faire construire un
four à l'usage des habitants. La rente de ce
four est adjugée tous les ans au plus offrant.
L'adjudicataire pour 1770 est François Fourniller, lequel après avoir versé un cautionnement
s'engage « d'aller prendre la pâte dans les mai-
« sons et d'y retourner le pain cuit moyennant
« le prix de deux liards par émine de chaque
« grain et de payer la dite rente en 4 fois de 15
« livres chacune » (2). Enfin, le 31 mai 1773,
Louis Chaffard étant *maire et consul*, la réunion du Conseil a lieu pour la première fois
dans la « *Maison de Ville* ».

Ce devait être une habitation ordinaire arran-
gée pour la circonstance car, dans les *Délibérations,* il n'est question ni de sa construction
ni de son achat, mais seulement des réparations
à y faire. Les premiers actes importants qui
s'accomplirent dans la nouvelle Mairie furent :
la prestation du serment de fidélité au roi
Louis XVI, le 12 juin 1774, et la convocation

---

(1) Les réunions du Conseil ont toujours lieu dans la maison
de Pierre Bertrand : Cet immeuble était situé dans la rue *du
Château* et formait le commencement du premier îlot de maisons, à droite en venant du Canal de Craponne, juste en face
le Moulin.

(2) **Archives de Charleval** — Registre des Délibérations.

— en 1775 — de tous les hommes de 20 à 30 ans pour l'organisation de la milice. En dehors des élections consulaires, le Conseil — sauf de rares exceptions — ne se réunissait que trois ou quatre fois par an : pour le compte rendu financier et pour l'adjudication de la rente du Four ou celle de la Trésorerie.

La population de Charleval augmente tous les jours ; en 1780, elle est déjà de 350 habitants. Aussi le village s'agrandit-il ; de nouvelles maisons s'élèvent maintenant à côté de celles primitivement construites et l'unique rue de 1741 partant du château est traversée, du Levant au Couchant, par d'autres voies spacieuses.

Les habitants se livrent aux travaux de l'agriculture ou à l'élevage des vers à soie (1).

Un boucher de Mallemort, le sieur Joseph Fabre, est chargé de la fourniture de la viande de boucherie.

De par son bail avec la commune, il s'engage à tenir « de la viande de mouton bonne et ré-« ceptable à 5 sols la livre et 2 quartiers de « bœuf pour la Noël. Il s'oblige en outre à venir « tuer tous les samedis et à tenir de viande

---

(1) Cette industrie deviendra par la suite assez importante pour nécessiter la nomination d'un peseur public, qui prélévera « deux sols » par pesée : un pour le vendeur, un pour l'acheteur.

« tous les dimanches et fêtes de l'année et dans
« le cours de la semaine si besoin en est. Le tout
« sans fraude, faute de payer 12 livres d'amende
« et la viande confisquée. Il ne devra pas trans-
« porter la viande morte de Mallemort, mais
« venir tuer à Charleval à l'endroit fixé par le
« conseil » (1).

Malgré l'augmentation de sa population,
Charleval est toujours en proie à des embarras
financiers. C'est ainsi que depuis **quelque**
temps les consuls doivent faire l'avance des
dépenses sous la réserve de se rembourser ensuite sur les pemières recettes. Les impositions
communales sont établies d'après la **différence**
en moins produite par la balance des recettes
et dépenses. Or, comme le déficit va toujours
en progressant, les impôts suivent la même
marche. Pour mettre un terme à cette déplorable situation financière, Joseph Fouque,
maire en 1788, propose de couvrir le manquant
budgétaire par l'établissement d'une taxe de 3
livres sur chaque charge de terre, menaçant
les membres du Conseil qui ne seraient pas de
de cet avis « d'être poursuivis en leurs propres
« et privés biens, à parfaire solidairement la

---

(1) Archives de Charleval — Registre des Délibérations.

« différence sans espoir de rejet sur la commu-
« nauté » (1). C'était un peu excessif ; dans tous
les cas la proposition ne manquait pas d'ori-
ginalité. Nous ignorons quel en fut le résultat.

Que fait le seigeur pendant ce temps ? Il
tient close la porte du château et sa bourse fer-
mée. Après avoir inutilement essayé de lutter
contre les idées nouvelles et reconnu son im-
puissance à briser l'élan populaire, il laissait
faire, se contentant de percevoir ses revenus
féodaux et d'exercer le peu d'autorité qui lui
restait encore. Il ne sortait de cette prudente
réserve qu'une fois par an, au mois d'août, à l'oc-
casion de la fête patronale et pour participer
largement à la dépense.

L'avenir si sombre pour les uns est plein de
promesses pour les autres. Déjà, en 1771, à propos de la suppression des Parlements, le peuple provençal avait su faire parvenir jusqu'à la
Cour de Paris, l'expression de son mécontente-
ment. Ce n'était là qu'un prélude, un éclair de
la colère populaire. L'orage devait éclater en
1787, à propos du rétablissement des anciens
Etats de Provence, suspendus depuis 1639.

A la première réunion, Pascalis, député du
Tiers-Etat, pose nettement la question du vote

____

(1) **Archives de Charleval — Registre des Délibérations.**

par tête et de l'égale répartition de l'impôt. Les
représentants de la Noblesse et du Clergé pro-
testèrent violemment contre cette atteinte portée à leurs privilèges. On ne s'entendit jamais
sur cette question et les débats de l'assemblée
frappés de stérilité dès le début ne furent plus
alors qu'une ardente polémique à laquelle tout
le pays voulut participer. Le peuple déçu dans
ses espérances se livra — à Aix et à Toulon
notamment — à de bruyantes manifestations
dont le caractère particulièrement significatif
aurait du être un avertissement pour la royauté.

Il appartenait aux Provençaux, et c'est un honneur pour eux, de formuler bien avant la convocation des Etats généraux à Versailles, la
fameuse proposition du vote par tête, point
initial de la Révolution Française. Paris peut
désormais prendre la Bastille, la Provence lui
en a montré le chemin.

CHAPITRE VI

Charleval sous la Révolution

Convocation des Etats Généraux. — Cahier
des doléances de la Communauté de Charleval. — La famine. — Organisation de la
Milice.— Abandon des priviléges particuliers à la Provence. — Les Nouvelles Municipalités.— La « Société Patriotique » et
M. de Cadenet.— Perquisitions à Bonneval
et Sainte-Croix.— Etablissement de l'Etat-
Civil. — Incorporation de Valbonnette à la
commune de Lambesc. — Comparution du
seigneur devant le Maire.

Dans toute la France. la convocation
des Etats généraux agite les esprits.
Les communes préparent leurs cahiers de revendications et nomment des représentants pour les défendre aux Assemblées
provinciales préliminaires.

A Charleval, les électeurs réunis le **29** mars

1789, donnent mission à Jacques et César Porte
de représenter la commune à la réunion prépa-
ratoire qui doit avoir lieu à Aix le 2 avril suivant. Voici le compte rendu de cette séance
historique, premier acte de la Révolution à
Charleval :

« Aujourd'hui 29 mars 1789, en l'Assemblée
« convoquée par la voix et organe de Louis
« Bertholin, valet de cette communauté, en la
« la manière accoutumée, sont comparus en la
« maison commune, par devant nous Louis
« Chaffard, viguier, Lieutenant de Juge de ce
« lieu de Valbonnette-Charleval, sieur Jean
« Espanet, maire 1er consul, et Jh Porte second
« consul, Antoine Masse, Joseph Bonnard, J.-B.
« Brunel (cordonnier), Jean Porte aubergiste,
« Jean Honnorat, menager, J.-B. Beisson, me-
« nager ; Joseph Bagarri, Jacques Porte mena-
« ger, Joseph Villevieille, Pierre Fouque pégou-
« lier, Cezard Berthoulin, Cezard Auquier, Joseph
« Girard, pegoulier, Antoine Magnan, Jean
« Vernet, travailleurs ; Cézard Porte, menager,
« Jean Vert, travailleur, André Audibert, Joseph
« Palun, Pierre Bonnard, Paschal Honnorat,
« François Philip, Jean Cournillon, Pierre
« Breton, Jacques Poussel, Joseph Vert, Charles
« Pilavenne, F, Plucher, Jean Vert, Marc Barret,
« Joseph Fabre, Marc Jabouin, Pierre Antoine

« Benoit, Jean Vernet, Pierre Sallat, Joseph
« Pellissier, Joseph Durand, Jacques Fabre,
« Mathieu Bonifay, Rolland Reginard, J.-B.
« Espanet, Antoine Raspai, J.-B. Michel, meu-
« nier, Joseph Chaffard, Louis Philip, Gaspard
« Derbes, Cezard Cournillon, Joseph Reynaud,
« Gabriel Palun. »

« Tous nés français ou naturalisés, âgés de
« 25 ans, compris dans les rôles des imposi-
« tions, habitant de ce village, en communauté,
« composé de 90 feux (1), lesquels pour obéir
« aux ordres de Sa Majesté portés par ses let-
« tres données à Versailles le 2 mars 1789, pour
« la convocation et tenue des Etats-Généraux
« de ce royaume et satisfaire aux dispositions
« des règlements y annexés, ainsi qu'à l'ordon-
« nance de M. le Lieutenant de la Sénéchaussée
« Générale de Provence séant à Aix, dont ils
« nous ont déclaré avoir une parfaite connais-
« sance tant par la lecture qui vient de leur en
« être faite que par la lecture et publication cy-
« devant faite à l'Eglise succursale de ce lieu.

---

(1) C'est-à-dire 90 familles. Au point de vue de la généralité
de l'impôt, le mot *Feu* avait en Provence une autre signification : il représentait une population de 200 ou 300 âmes (selon
les vigueries) faisant cuire leur pain au même four. L'*Assemblée des Communautés* fixait elle-même le taux de l'imposition
qui variait, selon les besoins, entre 7 et 900 livres par feu :
c'était l'affouagement.

« ce matin par M. le Curé, et par la lecture et
« publication et affiches pareillement faites, le
« même jour à l'issue de la dite messe au devant
« de la porte principale de l'Eglise. Nous ont
« déclaré qu'ils allaient d'abord s'occuper de la
« rédaction de leur cahier de doléances, plaintes
« et remontrances, et. en effet, y ayant vaqué,
« ils nous ont représenté le dit cahier qui a été
« signé par ceux des habitants qui savent signer
« et par nous, après l'avoir côté par première et
« dernière page et paraphé *ne varietur* au bas
« d'ycelle. »

« Et de suite les dits habitants, après avoir
« délibéré sur le choix des députés qu'ils sont
« tenus de nommer, en conformité des dites
« lettres du Roi et Règlements y annexés ; et
« les voix ayant été par nous recueillies, la plu-
« ralité des suffrages s'est réunie en faveur des
« sieurs Jacques Porte et Cezard Porte qui ont
« accepté la dite commission et promis de s'en
« acquitter fidèlement. »

« La dite nomination des députés ainsi faite,
« les habitants ont en notre présence remis aux
« susdits sieurs Jacques Porte et Cezard Porte,
« leurs députés, le cahier afin de le porter à
« l'Assemblée qui se tiendra le 2 avril prochain
« devant M. le Lieutenant général et leur ont
« donné tous pouvoirs requis et nécessaires à

« l'effet de les représenter en la dite Assemblée
« pour toutes les opérations prescrites par
« l'Ordonnance susdite de M. le Lieutenant
« général comme aussi de donner pouvoirs
« généraux et suffisants de proposer, remontrer,
« aviser et consentir tout ce qui peut concerner
« les besoins de l'Etat, la réforme des abus,
« l'établissement d'un ordre fixe et durable dans
« toutes les parties de l'administration, la pros-
« périté générale du Royaume et le bien de
« tous et chacun des sujets de Sa Majesté. »

« Et de leur part, les dits députés se sont pré-
« sentement chargés du cahier des doléances
« de cette communauté et ont promis de le
« porter à la dite Assemblée et de se conformer
« à tout ce qui est prescrit et ordonné par les
« dites Lettres du Roi, Règlements y annexés
« et Ordonnances susdatés, desquelles nomina-
« tions de députés, remise de cahiers, pouvoirs
« et déclarations nous avons à tous les dits
« compareus donné acte et avons signé avec
« ceux des habitants qui savent signer. » (1).

____

(1) Archives de Charleval — Registre des Délibérations.

8

CAHIER

Des doléances et respectueuses réclamations des habitants de la Communauté de Valbonnette-Charleval, Sénéchaussée d'Aix.

De toutes les charges que la Communauté supporte et paie annuellement (1).

« 1º Le terroir a été donné aux habitants de ce dit
« lieu sous les conditions d'une taxe sur les gerbes de
« tous grains, la dixième ; de même les olives et les
« amandes, les raisins et le chanvre : la quinzième. »

« 2º A été donné l'emplacement des maisons
« moyennant et sous les conditions d'une cense
« annuelle d'une vehenne blé ; chaque emplacement
« est d'environ 10 Cannes plassage. »

« 3º Il y a en outre un quartier au dit terroir nom-
« mé les Cadenières qui contient environ 20 charges
« de terre, que le seigneur a donné aux particuliers à
« défricher, toujours sous la taxe des gerbes au
« dixième et en outre d'une cense annuelle de 4
« euchennes blé par charge ».

« 4º La Communauté fait au dit Seigneur annuel-
« lement une pension féodale de 20 charges blé qui
« font 24 charges, mesure d'Aix. La charge est de 8
« émines et l'émine fait 8 euchennes. »

---

(1) Préfecture des Bouches-du-Rhône — Archives Parlementaires de 1787 à 1860, page 429.

« 5º Tous les habitants font encore une poule au dit
« seigneur, annuellement, qu'ils payent au prix de
« 12 sous quand ils n'ont point de poule. »

« 6º La réserve au dit seigneur du droit de lods au
« dixième. »

« 7º Le moulin à moudre les grains appartenant au
« dit seigneur banal, payant en mouture au ving-
« tième. »

« 8º En outre, la Communauté paye la dîme au
« vénérable chapitre de la ville d'Aix, le vingtième
« sur tous les grains, les raisins, les agneaux et le
« chanvre. »

« 9º Le droit de chasse appartenant au dit Sei-
« gneur. »

« 10º La Communauté paye annuellement une
« imposition à la Cⁱᵉ de Crapone pour les arrosages
« des terroirs, d'environ 300 livres, selon les imposi-
« tions de la dite compagnie. »

« 11º Fait une pension annuelle de 37 L.. 10 sous à
« Madame St Michel Leblanc de Venne, conjointe-
« ment avec la Communauté de Reuyère, de 18 Liv.
« 15 sous chacune .»

« 12º Il y a plusieurs colombiers dans le terroir
« dont les pigeons causent un dommage infini aux
« habitants sur leurs récoltes tant des grains que du
« chanvre et des haricots. »

« 13º Ce qu'il y a de douloureux pour la Commu-
« nauté, c'est qu'elle est obligée de nommer 6 con-
« suls, le jour de la nomination, qui est la seconde
« fête de Noël et de présenter sa nomination au sei-

« gneur qui fait le choix de 2 sur les 6 nommés. »

« 14° En égard à toutes les charges ont les habi-
« tants sont surchargés, ce n'est qu'à force de travailler
« qu'ils peuvent à peine subvenir pour parvenir à
« payer toutes les surcharges d'impôts, en outre le
« contingent des deniers du roi et du pays quoique
« elle soit afféagée que d'un cinquème de feu, parce
« que le terroir n'est pas beaucoup spacieux, ne con-
« tenant qu'environ 400 charges de terre et qui est
« des plus moindres et ne produisent pas beaucoup,
« plusieurs fonds ne faisant que doubler, et ce qui est
« douloureux aux propriétaires de ne pouvoir ôter la
« semence avant la taxe et la dîme. »

« Ainsi, les habitants de Valbonnette-Charleval
« supplient très humblement et très respectueuse-
« ment Sa Majesté de vouloir les soulager, en dimi-
« nuant leurs impôts énoncés en doléances ci-devant,
« afin qu'ils recueillent en paix la sueur de leur travail
« et qu'ils ne cesseront d'adresser leurs veux au Sei-
« gneur pour la conservation de ses jours précieux. »

« Fait au dit Valbonnette-Charleval, dans la maison
« commune en présence de presque tous les habitants. »

« Signé, qui a su, ce 29 mars 1789. »

*Suivent les signatures de : L. Chaffard, viguier ;
Espanet, maire consul ; Joseph Pelissier ; Vernet ;
Durand ; Pabenoit ; Plouviger ; Porte ; Bourret ;
Jourdan, greffier.*

Toutes les communes de la circonscription
d'Aix envoyèrent ainsi des délégués, qui

le jour de l'élection, choisirent parmi eux les représentants définitifs du Tiers-Etat. On sait comment — aux Etats Généraux de Versailles — les membres de cet ordre se séparèrent de la Noblesse et du Clergé pour former l'Assemblée Nationale et donner à la France sa première Constitution.

Pendant que l'homme est si actif, la nature se repose : jamais la terre ne fut aussi paresseuse. La pénurie de blé, conséquence des mauvaises récoltes amène d'abord la cherté des vivres puis la famine. Informé de cet état de choses le roi essaye d'y porter remède en ordonnant la distribution — à titre de prêt — des approvisionnements militaires, sous la réserve de les remplacer un mois après la prochaine récolte.

Le Conseil de Charleval délibère de ne pas accepter cette combinaison, déclarant fort sagement « qu'il n'est pas possible de pouvoir « rendre, en nature, un mois après la récolte, « le blé qu'on pourrait fournir dans l'extrême « besoin où se trouvent les habitants car ils « seraient autant dans la disette après la récolte « comme auparavant » (1).

A la suite de cette délibération le Maire se rend à Aix à l'effet de solliciter des autorités,

----

(1) **Archives de Charleval — Registre des Délibérations.**

un secours de 30 charges de blé. Cette démarche n'eut sans doute pas de résultat immédiat ou bien les quantités allouées furent insuffisantes puisque peu de jours après, le Maire — à bout de ressources — emprunte la somme de 600 livres au nommé Pierre Pougaud, ménager de Lambesc. L'avance de cette somme calma pour quelque temps les préoccupations financières du Conseil et permit de secourir les plus nécessiteux.

Le 6 septembre 1789, le Maire présente au Conseil une lettre des députés des Communes, contenant l'ordre et les instructions nécessaires pour la formation des milices nationales. Le Conseil, très embarrassé pour la distribution des grades s'avisa d'un moyen assez original : le tirage au sort. « Le Conseil ayant « mûrement réfléchi et pour ôter toute discorde « a unanimément délibéré de *balloter* les officiers » (1). Le sort désigna Jacques Porte comme capitaine ; Louis Vien, lieutenant ; Estienne Vachier, sous-lieutenant ; « les sieurs consuls faisant fonctions de Commandant et Major ». Les nouveaux promus (?) choisirent eux-mêmes leurs sous-officiers et caporaux. Cette milice prit plus tard le nom de Garde Nationale ;

____

(1) **Archives de Charleval — Registre des Délibérations**

sa principale raison d'être fut de faire la police du pays.

Quelques jours après, nouvelle lettre des députés ; il s'agit cette fois de l'abandon des droits et privilèges particuliers au Comté de Provence. Réunie à la France « *non comme un accessoire à un principal, mais comme un principal à un autre principal* » la Provence n'avait pas perdu sa nationalité provençale. A ce titre elle possédait une constitution particulière et une Cour souveraine. De plus, elle jouissait de certains avantages tels que ceux de répartir l'impôt à sa fantaisie, de faire des remontrances au roi, etc... Tous ces privilèges, les représentants de la Provence en avaient fait l'abandon lors de la fameuse nuit du 4 août. Il s'agissait maintenant de faire sanctionner cette renonciation par tout le pays.

Le Conseil de Charleval donna son adhésion pleine et entière, approuvant tout ce qui avait été fait. » Le conseil considérant que la qualité « de français est devenu le premier et le plus « utile des droits nationaux et la source la plus « féconde de la liberté, de l'égalité et de la « prospérité sociale ; que renoncer à toute « autre existence politique c'est moins affaiblir « qu'étendre ses privilèges puisque c'est centu- « pler ses forces par une étroite fédération

« avec les autres parties de la France, a unani-
« mément délibéré de ratifier dès à présent la
« renonciation faite dans la séance du 4 août
« de l'Assemblée Nationale par MM. les dépu-
« tés de Provence, aux droits et privilèges
« particuliers du pays » (1).

Le 29 novembre 1789, le Maire communique
aux membres du Conseil le Décret du 28 octobre de la même année prescrivant l'établissement le la Loi Martiale et invitant les communes
à faire confectionner deux drapeaux : un blanc
et un rouge. Le Conseil délibère que la dite
Loi Martiale sera publiée et affichée aux lieux
ordinaires. Il décide en outre de n'acheter
pour le moment qu'un seul drapeau : un rouge
« seulement — ajoute la Délibération — le
« moins couteux possible » (2).

L'année 1789 s'écoule ainsi jusqu'au mois de
décembre laissant de son passage des traces
ineffaçables pour l'histoire de l'humanité.

A Charleval, c'est le moment des élections
consulaires, mais elles n'ont pas lieu ; on attend
— pour les faire — la promulgation de la nouvelle Loi sur les Municipalités. Le Décret du
14 décembre 1789, sur la Réorganisation Muni-

---

(1) Archives de Charleval — Registre des Délibérations.
(2) Id.

cipale, et celui du 6 janvier 1790, sur l'Organisation Départementale, viennent enfin combler les lacunes, laissées dans l'Administration des communes par l'abolition du régime féodal et faciliter l'application de la nouvelle Loi. A partir de ce moment, les officiers municipaux prennent l'écharpe tricolore dans l'exercice de leurs fonctions (1).

Si la Provence a perdu ses privilèges, par contre les nouvelles municipalités sont investies d'une autorité bien supérieure à celle possédée par les anciennes communautés. Le commandement de la force publique leur appartient, ainsi que le soin de veiller au maintien de l'ordre, le désarmement des suspects, etc. « Du premier coup — dit Léon Béguet (2) — « s'étaient érigées au sein de la nation autant « de petites républiques constituées en organes « pour ainsi dire indépendants de la puissance « centrale (3). »

---

(1) A Charleval la nouvelle municipalité se compose de : Jacques Porte, maire : Cezard Porte, premier adjoint ; Roux (de Mallemort) , Procureur de la commune : Pierre Bonnard, deuxième adjoint ; Jacques Poucel, Jean Bonifay, Jean Vernet, Joseph Michel, Joseph Bagari, Antoine Chaussegros, conseillers. Le secrétaire-greffier était alors Jean Pascal, chirurgien.

(2) Léon Beguet, *Répertoire du Droit Administratif*. Tome V, page 421.

(3) La loi du 5 Fructidor an III, et plus tard celle du 28 Pluviose an VIII, réduisirent considérablement le pouvoir donné primitivement aux municipalités.

L'intervention du seigneur n'est plus nécessaire, son rôle se borne tout juste à percevoir les droits de Tasque ainsi que la pension féodale et encore pas pour longtemps, car la Municipalité cherche par tous les moyens à se délier des anciens engagements. A cet effet deux délégués sont envoyés à Aix le 19 septembre 1790 avec mission de s'informer si la Commune ne pourrait pas obtenir le remboursement des droits seigneuriaux payés par elle jusqu'à ce jour à François de Cadenet « son cy-devant seigneur » (1).

Devant tout le Conseil municipal réuni, et le 23 janvier 1791, Alexandre Roux, notaire royal, procureur de la Commune, donne lecture du Décret du 25 décembre 1790, par lequel il est ordonné « à tous les évêques et cy-devant « archevêques, curés et autres fonctionnaires « publics de prêter le serment auquel ils sont « assujetis » (2). Le desservant de Charleval — J.-B. Gouin — consulté sur ses intentions, déclare vouloir se conformer au Décret. Alors sur la réquisition du Procureur de la Commune les membres du Conseil se rendent à l'église pour « y entendre la messe paroissiale et à

----

(1) Archives de Charleval — Registre des Délibérations.
(2) Id.

l'issue » recevoir devant tous les fidèles assemblés le serment exigé par la Loi. Cette cérémonie eut lieu avec beaucoup de solennité, J.-B. Gouin « jura de remplir ses fonctions avec exactitude « et d'être fidèle à la nation, à la Loi et au Roi, « et de maintenir de tout son pouvoir la Constitution votée par l'Assemblée Nationale » (1).

Afin de faciliter la rentrée de la contribution foncière établie en remplacement des anciens droits abolis, la commune est divisée en cinq sections : *le Bois, la Baume, la Rompide, de Craponne, des Bourgarelles*. La perception de cet impôt est mise aux enchères comme l'était d'ailleurs l'ancienne trésorerie.

Un Décret de l'Assemblée Nationale ayant réglementé les droits des seigneurs en tant que propriétaires fonciers, le Conseil décide de recourir à l'arbitrage pour trancher toutes les contestations existant entre « le cy-devant seigneur » et la Commune à propos des droits seigneuriaux et du rachat « d'yceux ».

Tous ces Décrets, leur application, la correspondance à laquelle ils donnent lieu, viennent un peu jeter le désarroi dans le Corps municipal. Le Maire effrayé par sa nouvelle responsabilité préfère démissionner de peur, dit-il,

____

(1) Archives de Charleval — Registre des Délibérations.

« que ses faibles lumières ne lui permettant pas
« de pouvoir connaître l'esprit des Décrets qui
« lui parviennent il ne soit la cause de quelque
« nullité préjudiciable à ses administrés.» Quelques jours après tous les citoyens actifs (1) de la
commune assemblés dans la mairie sous la présidence du doyen d'âge — J.-B. Goin, curé de
la paroisse — nomment un successeur à cet
administrateur trop modeste.

La nouvelle magistrature vit s'accomplir une
réforme qui depuis longtemps s'imposait. Dans
la séance du 23 octobre 1791 et sur la proposition du Maire, le Conseil décida que « étant
« donné l'embarras où l'on est toutes les fois
« qu'il y a quelque mort, pour les porter ou
« les faire porter sur une échelle, comme il est
« d'usage de le faire, ce qui est très indécent, il
« conviendrait de faire une bière » (2).

Pendant qu'à Charleval on s'occupe d'apporter un peu plus de décence dans le service des

---

(1) « Les citoyens actifs.c'est-à-dire les citoyens qui payaient
« une contribution équivalente à trois journées de travail
(4 fr. 50). — Méry, *Histoire de Provence.* Tome IV, page 432.

En 1790, le nombre des citoyens actifs et éligibles est de
64. Le prix des journées locales de travail était fixé à 10 sols
pour Charleval.

On exigeait de chaque électeur la quittance du percepteur,
attestant qu'il avait au moins versé un acompte sur ses impositions.

(2) Archives de Charleval — Registre des Délibérations.
On fit également l'achat d'un drap mortuaire.

inhumations, à Paris, les événements se précipitent ; l'Assemblée Législative succède à l'Assemblée Nationale, puis la Convention, enfin la déchéance du roi et l'avènement de la République.

Charleval ne connut ni les troubles, ni les crimes causés par l'exaltation des passions politiques.Son honnête population resta étrangère à toute violence, à tout excès. C'est à peine si au plus fort de la Terreur on ferma l'église.

Dès la proclamation de la République, les citoyens les plus exaltés forment dans Charleval une société dite : *Les Amis de la Liberté* (1). Son but, essentiellement politique,est de stimuler le zèle des membres du Conseil ; plus tard, elle exercera sur eux une véritable dictature.

L'Assemblée électorale des Bouches-du-Rhône tenue à Avignon (2) le 9 septembre 1792, ayant décidé le désarmement des suspects, des perquisitions sont faites dans les châteaux de Sainte-Croix et de Bonneval ; où l'on trouve quelques vieilles armes. Peu de jours après, sur

---

(1) Beaucoup plus connue sous les noms de *Société Patriotique* ou *Société Populaire*.

(2) Lors de la réunion du Comtat à la France, Avignon fit pendant quelque temps partie du département des Bouches-du-Rhône.

l'initiative de la *Société Patriotique*, le Conseil revint dans les mêmes châteaux pour y faire l'inventaire des objets mobiliers ou de valeur (1). L'accomplissement de toutes ces formalités calme pour quelque temps l'ardeur des membres de la *Société Patriotique*. Mais, encouragés par les résultats obtenus, ils interviennent de nouveau à propos de la vente aux enchères publiques des objets récemment inventoriés.

La demeure et la personne du seigneur de Charleval furent absolument respectées. D'ailleurs, loin d'imiter l'exemple de ses voisins, les seigneurs de Bonneval et de Sainte-Croix, M. de Cadenet n'avait pas voulu émigrer, préférant rester au milieu de ses anciens vassaux dont le bon cœur et la sagesse lui étaient bien connus. Il comptait sans les exigences des membres de la *Société Patriotique*, lesquels voyant surtout dans la présence de M. de Cadenet un souvenir vivant du passé abhorré, voulurent exercer contre lui toutes sortes de vexations.

Ce fut d'abord l'envoi d'une pétition au Conseil à l'effet d'obtenir « du citoyen Cadenet » une

---

(1) Les châteaux de Bonneval et de Sainte-Croix furent vendus comme biens nationaux le premier, le 4 Floréal an VI ; le second, le 8 Thermidor an IV.

modification dans le pourcentage de la mouture
du grain. Puis, peu de temps après, une autre
réclamation ayant trait à la réparation des chemins, notamment « celui venant du pont du
« moulin au nord du canal, jusqu'au pont de
« Chaffard, qui se trouve occupé par plusieurs
« arbres que le citoyen Cadenet s'est permis de
planter » (1). On coupa les arbres et on les
vendit au profit de la Commune. Quant à la
première proposition, M. de Cadenet, n'ayant
pas consenti, les habitants furent avisés, par
une criée publique, qu'ils étaient libres de faire
moudre leur grain où bon leur semblerait.

Jaloux des quelques droits laissés à M. de
Cadenet par la Loi du 20 août 1791, les membres de la *Société Patriotique* présentent une
nouvelle pétition au Conseil ayant pour but le
rachat de ces droits. Le Conseil toujours docile
« vote que le citoyen Cadenet, ci-devant seigneur
« de ce lieu, sera sommé de produire le titre pri-
« mitif qui fixe et règle les droits que le citoyen
« Cadenet a prétendu envers les citoyens de
« cette commune, faute de quoi le dit citoyen
« Cadenet demeurera déchu de tous droits de
« cens, lods et autres redevances » (2). Le délai

---

(1) Archives de Charleval — Registre des Délibérations.
(2) Id.

de trois mois fixé pour la production de cette pièce s'étant écoulé sans qu'aucune réponse ne soit parvenue, le Conseil nomma deux commissaires chargés d'aller à Aix « auprès des « citoyens administrateurs du district, leur « dénoncer la conduite du dit citoyen Cadenet « et solliciter la prononciation de la déchéance « de ses droits féodaux » (1). Quelque temps après le Conseil décida de son propre chef, de ne plus rien payer à M. de Cadenet.

Le 15 novembre 1792, an I de la République Française, le Conseil Général Permanent (2) procède à l'établissement de l'Etat-Civil dans Charleval et prend les mesures nécessaires pour en assurer le bon fonctionnement. Le Maire fait observer à ce propos que les membres du Conseil et les notables étant tous illettrés, et par ce fait incapables de veiller à la bonne exécution de la Loi du 27 septembre 1791, il y avait lieu de prendre en dehors de la Municipalité une personne assez instruite pour « suppléer à l'incapacité du membre du Conseil « qui sera délégué aux fonctions d'officier de

---

(1) Archives de Charleval — Registre des Délibérations.

(2) Le Conseil municipal augmenté des six notables élus en même temps que le Conseil.

l'Etat-Civil » (1).On nomma les citoyens César Porte et Michel Villevieille.

Un nouveau remaniement des circonscriptions territoriales vient, à juste titre,provoquer les réclamations de la *Société Patriotique*.Dans la séance du 24 janvier 1792, le Directoire du District d'Aix avait décidé la réunion à la Communauté de Charleval, des territoires de Valbonnette, Sainte-Croix, Bonneval et la Royère. Communication de cette décision avait été faite au Directoire du département (2) le 26 mai 1792. Celui-ci, dans la séance du 13 juin de la même année, avait modifié le projet primitif incorporant la partie haute de Valbonnette à la commune de Lambesc. C'est en vain que Charleval fit entendre ses protestations par l'intermédiaire de Fréjus Chaffard, délégué auprès du Directoire Départemental. Malgré le caractère provisoire de l'Arrêté, malgré la réserve faite de le soumettre à l'approbation de l'Assemblée Nationale et bien qu'aucune loi ne soit venue sanctionner cette séparation, le domaine de Valbonnette resta dans la commune de Lambesc.

---

(1) Archives de Charleval — Registre des Délibérations.
(2) Le département des Bouches-du-Rhône était administré par un Directoire chargé de la centralisation et de l'expédition de toutes les affaires des Directoires de Districts (arrondissements).

Sur la sommation d'avoir à se présenter à l'Hôtel de Ville, M. de Cadenet « s'y étant rendu à l'instant », vient déclarer devant une Commission municipale (1) qu'il n'entretient aucunes relations avec des émigrés. Il dépose ensuite sur le bureau un certificat attestant que son frère César-Auguste Cadenet réside toujours à Paris et n'a pas quitté la France. Mis au courant des difficultés survenues entre Charleval et Lambesc à propos de la réunion à cette dernière commune de la partie haute de Valbonnette, il s'engage à communiquer au Conseil tous les documents qu'il possède sur Valbonnette afin de faciliter les justes revendications de Charleval.

Le temps n'est plus où les délégués du village se rendaient timidement au château, soit pour les élections consulaires, soit pour l'acquittement des droits féodaux, soit pour solliciter humblement l'appui du seigneur. C'est lui, qui maintenant vient à l'Hôtel de Ville — ce château du peuple — répondre à la convocation de son représentant — le Maire.

---

(1) Cette Commission siégea le 8 février 1793. Elle était présidée par le Maire, assisté de deux officiers municipaux et de cinq notables.

CHAPITRE VII

Pénibles Epreuves

« La Patrie est en danger ». — Enrôlement
des volontaires, — Rébellion des conscrits
de Charleval. — Fournitures à l'armée. —
Etat d'épuisement de la commune. — Nouvelle et terrible apparition de la famine.
— Création d'un Comité de Salut Public. —
L'église transformée en temple de la Raison. — Fuite de M. de Cadenet. — Création
d'un Octroi. — Ere nouvelle.

A Patrie est en danger ! Ce cri d'alarme
jeté par la Convention trouve un
douloureux écho dans tous les cœurs
français.

L'étranger est à nos portes. Il envahit nos
frontières. Ses armées marchent sur Paris. Son
but, nul ne l'ignore : renverser la République,
rétablir la Royauté.

En réponse à cet appel de détresse, la France
offre le meilleur de son sang : celui de ses
enfants.

A Charleval, Fréjus Chaffard et Michel Villevieille sont désignés pour recevoir les engagements « de ceux qui voudraient s'enrôler pour voler à la défense de la Patrie » (1). Voici les noms des courageux citoyens qui répondirent à ce premier appel : Peret, Careton, Masse, Bertoulin, Barriot, Jean Césaire Sala, Joseph Rainaud. Un délégué du Conseil fut chargé de les accompagner à Aix.

D'autres volontaires se présentèrent, dont nous regrettons de ne pas connaître les noms. Puis, on fit des levées régulières de conscrits. Enfin, la jeunesse de Charleval se trouva tellement réduite, que sur une nouvelle demande d'hommes elle refusa de participer au tirage au sort, attendu que : « Veu l'épuisement des jeunes gens en ce lieu, occasionné par les diverses levées de volontaires envoyés aux frontières, ils ne consentiront à aucune nouvelle levée d'hommes que lorsque les gens mariés concourront avec eux aux mêmes levées » (2). Force dut cependant rester à la Loi, car les nombreuses désertions (3) qui se produisirent vers cette époque dans le contin-

---

(1) Archives de Charleval — Registre des Délibérations.
(2) Id.
(3) Plusieurs de ces déserteurs revinrent à Charleval, d'où ils furent reconduits à Aix par la Garde Nationale.

gent fourni par Charleval, expliquent le peu d'empressement et le manque d'enthousiasme des dernières recrues.

Tous les sacrifices demandés à la Commune ne se bornèrent pas là ; elle eut encore à fournir des chevaux, des mulets, des attelages, des vivres et des objets d'équipement (1).C'était beaucoup exiger d'un village relativement peu important, aussi, fut-il vite à bout de ressources. La disette amena — comme toujours — la cherté des vivres ; puis, les denrées devenant de plus en plus rares, la famine, la hideuse famine, vint de nouveau faire son apparition.

Cette fois-ci, la France ne peut rien. Isolée du monde entier par l'étroite surveillance des croisières anglaises, réduite aux seuls produits du sol national qu'elle ne peut cultiver faute de bras, la France — au point de vue économique — ne s'est jamais trouvée dans d'aussi mauvaises conditions. C'est au point que la Convention — par son Décret du 11 septembre 1793 — est obligée d'interdire l'exportation des vivres et de fixer la taxe des denrées de première nécessité.

Devant une telle situation et l'urgence d'y

---

(1) On fabriquait à Charleval des souliers et des piques pour les besoins de l'armée. Ce village fournit en outre des sacs et des futailles vides au général Dugommier devant Toulon.

apporter remède, les membres de la *Société Patriotique de Charleval* se constituent en *Comité de Salut Public*. Le Conseil proteste, puis, devant l'intérêt général, donne son approbation au nouveau Comité, qui dès lors peut fonctionner normalement. Le premier acte du *Comité de Salut Public* est de défendre à ceux qui possèdent, chez eux, des grains ou de la farine, de prendre du pain au boulanger, et cela sous peine de la confiscation de ces denrées au profit des malheureux. En dépit d'une aussi sage mesure, le nombre des indigents augmente tous les jours, et c'est pitié d'en voir la longue suite venir implorer de la Mairie un secours que celle-ci ne peut accorder. L'Administration du District (1) après avoir fait plusieurs fois la sourde oreille aux appels de la Municipalité, envoie quelques charges de blé, de seigle et de fèves : tout juste une aumône, un soulagement momentané. Heureusement pour les habitants que la sollicitude du Maire et du Conseil ne s'est pas bornée aux seules démarches faites auprès de l'autorité supérieure. Un beau matin on vit arriver par la route de La Roque, un rustique attelage tout couvert de poussière ; c'était celui de Marc-Antoine

---

(1) La commune de Charleval dépendait du district d'Aix.

Jabouin, officier municipal qui, envoyé dans les Alpes pour y acheter des vivres, en revenait avec seize charges de blé. Charleval était momentanément sauvé de la famine sinon de la misère.

Le 24 octobre 1793, nouvelle pétition de la *Société Patriotique*. Il s'agit de « ratifier défi- « nitivement la nomination du citoyen Dorr « prêtre, vicaire à Malbert, par le citoyen évêque « du département, à remplir en ce lieu les « fonctions de succursaliste de l'Eglise en « remplacement du deffunt citoyen Gouin » (1).

Le nouveau curé Bernard Dorre, ancien chartreux de Bompas, se fit d'abord remarquer par son civisme et ses idées libérales. Militaire avant d'entrer dans les ordres, il avait conservé de sa première profession une rondeur de caractère, une largeur de vues, un esprit libéral, qui certes, auraient dû lui faire trouver grâce devant la *Société Patriotique*. Il n'en fut rien. Quelques mois après son installation, on le mit dans l'obligation de cesser l'exercice de son ministère et de quitter la commune. L'église — devenue sans emploi — servit de salle de réunion aux membres de la *Société Patriotique*,

(1) Archives de Charleval — Registre des Délibérations. Il y avait 34 ans que J.-B. Gouin était curé de Charleval.

et la célébration du culte catholique y fut remplacée, le dimanche, par celui de la déesse Raison.

Cet état de choses dura environ un an, puis le Conseil ayant compris combien il était injuste de priver des secours de la religion toute une partie de la population, rendit l'église à sa première destination. On rappela le curé sous la condition pour lui, de prêter serment de fidélité à la République « et haine à la monarchie » (1). Le père Dorre promit et signa tout ce qu'on voulut. Dans l'accomplissement de sa pieuse mission, ce digne ecclésiastique — étranger à toute polémique — ne poursuivait qu'un seul but : sauver des âmes. Plus tard, comme tous les prêtres assermentés, il dut rétracter son serment car il exerça ses fonctions jusqu'à 1828, époque où la mort vint l'enlever à l'affection de ses paroissiens. Il a laissé dans Charleval une grande réputation de sainteté.

Les membres de la *Société Patriotique* viennent donc de faire fermer l'église pour la convertir en Temple de la Raison. Cette atteinte portée aux droits sacrés de la conscience prouve à quel degré d'exaltation étaient alors parve-

---

(1) **Archives de Charleval — Registre des Délibérations.**

nues les passions politiques. Nous sommes en pleine *Terreur*. M. de Cadenet, craignant pour sa vie, quitte le pays. Les membres de la *Société Patriotique* en profitent pour demander sa déchéance et le partage de ses biens (1). Ils proposent en outre de faire mettre en vente les chaperons des consuls, afin de détruire tout ce qui pouvait rappeler l'ancien régime. Déjà, l'argenterie de l'église, les vases sacrés, après avoir été inventoriés ont été mis à la disposition de l'Administration du District à Aix.

La France, plus que jamais, a besoin d'argent et d'hommes. L'ennemi une première fois repoussé assiège de nouveau nos frontières. La Vendée est en pleine insurrection. A Paris, les partis se déchirent et, à la faveur de tous ces désordres, les partisans de la monarchie cherchent à renverser la République. Mais la Convention est là qui veille, faisant face à tous les dangers, trouvant même le temps d'opérer nombre de réformes utiles. C'est elle qui vers cette époque rendit l'instruction obligatoire.

A Charleval, le Conseil Municipal se conformant aux instructions reçues prononce des

____

(1) Cette proposition ne fut sans doute pas acceptée par le Conseil, car le 20 Pluviôse an IV, deux ans après, eut lieu une nouvelle estimation des biens de M. de Cadenet.

peines sévères contre les parents qui — se dérobant à leurs nouvelles obligations — négligent d'envoyer leurs enfants à l'école. Il vote des fonds pour secourir les familles dont les membres combattent ou son morts pour la Patrie. Enfin, il adresse un suprême appel aux déserteurs ou conscrits réfractaires appartenant à la Commune, les adjurant de rejoindre leurs postes. « La France — dit une de ces procla- « mations — étant envahie, ce sont leurs pro- « pres foyers qu'ils vont défendre et s'ils sont « sourds à la voix de l'honneur, ils ne le seront « pas à celle de leurs intérêts personnels » (1).

Malgré l'adversité du sort, la fréquence de la disette, la population de Charleval augmente toujours. Elle compte à ce moment 600 âmes. Comme par le passé, les nouveaux venus doivent accomplir certaines formalités, et l'observation de cette sage mesure explique le bon renom de moralité dont jouissent les habitants. Se prévalant de l'augmentation du chiffre de la population, le Conseil propose quelques réformes financières afin de remédier au continuel déficit du Budget. A cet effet, une première tentative de création d'octroi (2) ayant été

---

(1) Archives de Charleval — Registre des Délibérations.
(2) Il s'agissait d'une taxe de 2 fr. 50 par 100 k. sur les cocons.

repoussée par le Préfet, le Conseil « vu que la
« commune est entièrement bornée à ses pro-
« ductions et à sa propre consommation » (1)
délibère de modifier les conditions auxquelles
la rente du four est adjugée. Cette combinaison
n'ayant pas réalisé les espérances qu'on avait
fondées sur elle, le Conseil sollicite à nouveau
l'autorisation d'établir un Octroi. Enfin, le 11
Brumaire an XII, le Préfet autorise la commune
à percevoir une taxe d'octroi sur l'huile, le vin
et la viande de boucherie. Ce nouvel élément
de recettes permit de nommer un garde cham-
pêtre, un valet de ville, de faire exécuter des
réparations à la toiture de l'église et de procéder à d'autres dépenses urgentes.

La France a eu raison de l'Europe coalisée.
Une ère de paix vient de s'ouvrir. La grande
impulsion donnée à l'Administration centrale
par la Convention commence à porter ses
fruits. L'apaisement semble vouloir se faire
dans les esprits, le calme renaître dans les
cœurs.

Charleval éprouve avec joie cette bienheu-
reuse influence de tranquillité. M. de Cadenet
en profite pour revenir dans ses propriétés, car
s'il n'a plus de droits féodaux, si le bail emphy-

____

(1) Archives de Charleval — Registre des Délibérations.

téotique de 1741 a été déchiré au bénéfice des habitants, il n'en demeure pas moins le plus riche propriétaire du pays. A ce titre on lui permet de se choisir un garde particulier.

CHAPITRE VIII
Charleval au XIXe Siècle

L'Empire. — Les fêtes du Couronnement. —
Modifications dans l'organisation municipale. — Situation Financière. — L'Eglise
et la Fabrique. — Chantier de charité. —
Changements politiques. — M. Magnan de
Batorel Bel Air. — Le choléra. — Réclamations de la Commune au sujet de Valbonnette. — Les écoles primaires. — Le
marquis de Jessé-Charleval. — Encore la
misère. — Nouvelle situation.

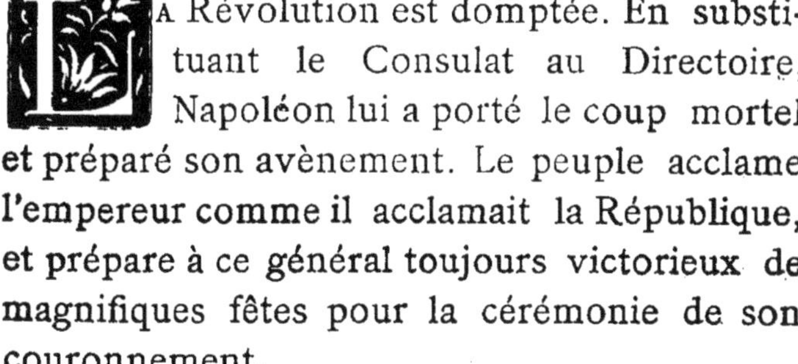

A Révolution est domptée. En substi-
tuant le Consulat au Directoire,
Napoléon lui a porté le coup mortel
et préparé son avènement. Le peuple acclame
l'empereur comme il acclamait la République,
et prépare à ce général toujours victorieux de
magnifiques fêtes pour la cérémonie de son
couronnement.

Le grand jour arrivé, le Conseil Municipal

de Charleval, maire en tête, se rend proces-
sionnellement à l'église où doit avoir lieu une
imposante solennité religieuse. Formant la
haie sur son passage, la garde nationale lui
rend les honneurs militaires. Tout le village
est sur pied. Les joyeuses notes lancées par le
clocher, le bruit des salves de mousqueterie en
se mêlant aux roulements sonores des tam-
bours, déchirent l'air et font au loin retentir les
échos. Après la messe, le cortège revient en
grande pompe à la maison commune salué, sur
son passage, par les cris de « vive l'empereur
et roy » (1).

Voilà pour le côté officiel de la fête, mais
l'après-midi et le soir elle prit un caractère plus
populaire. On dansa sur *La Place* au son du
tambourin. A la chute du jour, toutes les
maisons s'illuminèrent et, vers neuf heures,
un grand feu de joie allumé par le maire en
personne vint faire diversion aux réjouissances
publiques et interrompre le bal. Alors jeunes
gens et jeunes filles se tenant par la main,
déroulèrent autour du feu les gracieux anneaux
d'une longue farandole, pendant que les assistants enthousiasmés poussaient des vivats en
l'honneur de Napoléon.

---

(1) Archives de Charleval — Registre des Délibérations.

Comme première conséquence du changement de régime la commune perd le droit de
s'administrer elle-même, c'est-à-dire de *choisir*
ses représentants. Un arrêté préfectoral *nomme*
Etienne Mandin, maire de Charleval, en remplacement de César Cornillon *librement élu*
par ses concitoyens (1).

L'indéniable sollicitude du nouveau gouvernement pour tout ce qui concerne la bonne
administration du pays ne tarde pas à se faire
sentir. C'est ainsi que le Budget de la Commune
— jusque-là en déficit — se boucle en 1807 par
un excédent de recettes de 658 fr. 97 c. La Municipalité en profite pour secourir la caisse de la
Fabrique qui — réduite au seul produit des

----

(1) MM. Georges Saint-Yves et Joseph Fournier, dans *Le
Département des Bouches-du-Rhône de* 1800 *à* 1810, pages
159 et 160, rendent avec beaucoup d'exactitude et de clarté, la
nouvelle situation faite aux Municipalités, leur mise en tutelle,
enfin, la perte de toute autonomie communale. « La Commune
« — disent-ils — est devenue une simple division administra-
« tive, la Municipalité un rouage administratif comprenant
« trois parties : Maire, adjoint, Conseil Municipal. L'organisme
« *commun* a complètement disparu... Pour la royauté héré-
« ditaire et absolue, pour la république jacobine, pour la
« dictature militaire, la commune libre et indépendante, vivant
« de sa vie propre, ayant une véritable personnalité civile et
« politique, est également un ennemi dangereux que l'on ne
« saurait trop emmurer entre les murs épais d'une législation
« restrictive » et plus loin — page 163 — ils ajoutent ; « Les
« maires et les Conseils Municipaux n'ont plus été pour ainsi
« dire que les courroies de transmission entre les populations
« et la force motrice préfectorale ».

quêtes dominicales — peut à peine suffire à la dépense d'huile et de cire nécessitée par les cérémonies du culte. Plus tard, en 1811, la Commune prendra tout à fait à sa charge, le déficit de la Fabrique.

Cet heureux changement survenu dans les finances de la Commune permet au Conseil Municipal de faire procéder à l'établissement du cadastre, ainsi qu'à la réparation du chemin vicinal de la Roque à Mallemort, devenu impraticable du côté de Sainte-Croix (1). La construction de la chapelle au Nord de l'église date aussi de cette époque, « attendu qu'un grand nombre de fidèles sont contraints de demeurer dehors pendant les cérémonies religieuses », dit la Délibération (2).

Si au point de vue financier la situation de la commune s'est considérablement améliorée, par contre celle des habitants n'a pas changé : c'est toujours, comme par le passé, la misère résultant des mauvaises récoltes. La terre — longtemps négligée pour les luttes politiques ou pour les besoins de l'armée — semble plus que jamais frappée de stérilité. Le Conseil « vu

---

(1) Ce fut même une reconstruction complète pour laquelle les habitants de Sainte-Croix offrirent gratuitement les terrains nécessaires.
(2) Archives de Charleval — Registre des Délibérations.

« la grande misère qui règne dans la com-
« mune » (1) décide alors l'ouverture d'un chantier de charité afin de procurer du travail aux
indigents (2). Il vote à cet effet une somme de
400 fr. destinée à la réparation des chemins
vicinaux. C'était là un soulagement momentané, non un remède efficace, aussi — après
l'abdication de Fontainebleau — l'infortunée
population de Charleval, fût-elle une des premières à donner son adhésion au régime nouveau. La Municipalité fit même preuve en cette
circonstance, d'une réelle sympathie pour le
roi légitime, déclarant : « qu'il n'y a rien de plus
« doux, de plus touchant et de plus intéressant
que le retour des Bourbons ». Ce jour-là on
leva la séance aux cris de : « Vive le roi ».

Un peu plus tard, l'administration municipale
au grand complet prêta solennellement serment
de fidélité à Louis XVIII. Voici la formule de
cet engagement : « Je jure et promets à Dieu
« de garder obéissance et fidélité au Roy, de
« n'avoir aucune intelligence, de n'assister à
« aucun conseil, de n'entretenir aucune ligue
« qui seraient contraires à son autorité, et si

----

(1) Archives de Charleval — Registre des Délibérations.
(2) Les journées d'hommes étaient taxées à 1 fr. 25 et celles
des femmes et des enfants à 0 fr. 50.

« dans le ressort de mes fonctions ou ailleurs,
« j'apprends qu'il se trame quelque chose à son
« préjudice je le ferai savoir à mon roi » (1).

Toutes ces protestations de dévouement
étaient sincères ; la population de Charleval,
par l'intermédiaire du Conseil, se donnait loya-
lement, espérant trouver dans la royauté le
calme et le repos dont elle avait tant besoin.
Le retour de Napoléon la laissa complètement
indifférente ; sauf le Maire et un autre conseiller, la composition du Conseil resta la même.

L'épopée napoléonienne vient de sombrer
tristement à Waterloo. Le grand vainqueur est
à son tour vaincu, et cet homme, qui avait su
reconstituer à son profit l'ancien empire de
Charlemagne, laisse notre France plus petite
qu'il ne l'a trouvée. On sait comment les Bourbons essayèrent de *Restaurer* la monarchie. On
connaît les événements qui provoquèrent la
fuite de Charles X et l'avènement de Louis-
Philippe. Toutes ces transformations successives n'eurent aucune influence sur les diverses
municipalités de Charleval. On changeait la
couleur du drapeau ; on prenait une autre
cocarde ; on modifiait la formule des actes
administratifs et c'était tout. Le même conseil

---

(1) Archives de Charleval — Registre des Délibérations.

(sauf le Maire) restait en fonctions, prenant selon les besoins l'écharpe blanche ou l'écharpe tricolore et criant selon les circonstances : « *Vive l'Empereur* » ou bien ; « *Vive le Roi.* » Quant au peuple, il semblait n'avoir plus qu'une seule préoccupation : l'agriculture.

Cependant, malgré le peu de résultats obtenus jusque-là dans les différentes tentatives faites pour suppléer à l'insuffisance des récoltes, la population augmente quand même et l'église — récemment agrandie — se trouve de nouveau trop étroite. La Commune et la Fabrique ne pouvant se livrer à aucune dépense « pas plus que les paroissiens dont la mauvaise récolte ne permet pas de suivre les impulsions de leur cœur » (1), le conseil délibère d'accepter tous les dons qui lui seront faits à ce sujet. Mais pour donner il faut posséder, or — l'agrandissement de l'église étant de toute nécessité — la Fabrique est autorisée à y procéder d'urgence, par le moyen d'un emprunt de 800 fr.. consenti à l'intérêt de 5 p. 0/0.

M. Magnan de Batorel Belair, nommé Maire le 5 septembre 1830, entreprend la difficile tâche d'améliorer la situation précaire des habitants de Charleval. Il organise d'abord de

---

(1) Archives de Charleval — Registre des Délibérations.

nouveaux chantiers de charité, puis « *pour secourir au plus tôt l'humanité souffrante* » (1), il fait distribuer gratuitement du pain aux malheureux. Enfin, par ses actives démarches, il réussit à faire participer la commune au secours de 100.000 fr. accordé par le gouvernement aux populations méridionales pour les indemniser des pertes occasionnées par l'excessive rigueur de l'hiver 1829-1830.

L'octroi jusque-là en régie simple (2) est mis en Ferme et ce changement dans le mode de perception augmente les revenus tout en les rendant plus stables, plus réguliers. D'autres réformes utiles furent également accomplies, toujours dans le but d'améliorer le sort des habitants. Le succès vint couronner tant de louables efforts, non seulement la misère disparut, mais quelques années après, en 1836, la commune avait une réserve de 1575 fr. 53 placée au Trésor Public.

Cet habile administrateur entreprit aussi de faire aboutir un projet depuis longtemps caressé par les habitants et les municipalités précé-

------

(1) Archives de Charleval — Registre des Délibérations.
(2) C'est-à-dire avec un Directeur et un personnel appointés par la Commune. Ce mode très avantageux pour les grandes villes, absorbe dans les petites localités la majeure partie des recettes pour les frais de perception.

dentes : la création d'une fontaine. A plusieurs
reprises déjà, des fouilles avaient été faites dans
la forêt pour y découvrir une source, en capter
les eaux et les amener dans le village. Jusque-
là, ces recherches n'avaient donné aucun résultat appréciable. M. Magnan du Bel Air parut
d'abord plus heureux que ses prédécesseurs,
il trouva deux sources (1) dont le débit assez
abondant devait suffire pour alimenter Charleval en eau potable. Son espérance fut déçue.
Abandonnant son premier projet, il fit creuser
un puits sur la Place (2).

L'année 1832 rappelle encore une date fatale
pour nos malheureuses populations du Midi :
celle du choléra ! Pauvre Provence ! Pauvre
chère patrie ! Que de fois la mort est ainsi
venue à l'improviste jeter le deuil et la désola-
tion dans le cœur de tes enfants !

Grâce aux sages mesures de prévoyance
prises par son infatigable maire, à l'exceptionnelle situation du village dans la vallée de la
Durance, à deux pas des vallons embaumés de
la chaîne des Côtes, peut-être bien aussi par la

----

(1) L'une dans le vallon de *Val-le-Roi*, où passait autrefois
le petit chemin de Lambesc, et l'autre au quartier dit *la Mine*,
au Levant et sur la limite du bois.

(2) Ce puits fut remplacé en 1839, par une pompe qui ne
fonctionna jamais bien, malgré les nombreuses réparations
qu'on y fit à des époques diverses.

vertu des saines émanations d'une fabrique de goudron installée sur les bords du canal de Craponne, Charleval n'eut pas beaucoup à souffrir de l'épidémie. S'il y eut quelques personnes atteintes, du moins les cas furent assez bénins et le fléau asiatique n'y prit pas l'importance d'une calamité publique.

Au cours de cette même année 1832, le Conseil fit entendre de nouvelles protestations au sujet de la réunion de Valbonnette à la commune de Lambesc. En cela, il avait complètement raison, car ce territoire n'eut jamais dû être distrait de la commune de Charleval, au profit de laquelle le Directoire du District d'Aix, dans sa séance du 24 janvier 1792, avait reconstitué l'entière superficie de l'ancien fief de Valbonnette (1). La commune de Charleval invoquait en sa faveur le caractère provisoire de cette séparation et demandait la réintégration du domaine de Valbonnette dans son territoire. Celle de Lambesc faisait valoir les droits acquis par la possession trentenaire et le payement des impositions. En pareil cas il n'y avait qu'à s'en rapporter à l'acte de séparation lui-même. Or, d'après la correspondance échangée à cette époque entre la Préfecture et les

____

(1) Archives Départementales — Dossier du District d'Aix.

communes intéressées, il fut impossible de
retrouver ce document dans les archives
départementales. Favorisées par M. Joseph
Fournier, le savant archiviste des Bouches-du-
Rhône, nos recherches ont été plus heureuses et
voici dans toute sa teneur le texte de cet acte
si important pour la commune de Charleval :

« Vu la délibération du District d'Aix du
« 24 janvier dernier sur la lettre des commis-
« saires par lui délégués à l'effet de procéder
« aux opérations relatives à l'assiete des imposi-
« tions foncières et mobiliaires portant qu'elles
« ne peuvent être faites dans les petites muni-
« cipalités où les officiers municipaux sont tous
« cultivateurs peu instruits et la plus part illi-
« terés (sic) que les ci-devant fiefs de Bonneval,
« Valbonnette, Ste-Croix et la Royère sont
« pour ainsi dire inhabités, qu'il seroit impos-
« sible d'y trouver des officiers municipaux et
« que le manque d'administrateurs exposeroit
« l'administration supérieure à ne pouvoir
« effectuer dans ces divers lieux l'assiete et le
« recouvrement des contributions. »

« Vu encore la copie de la lettre écrite par le
« Directoire du District d'Aix au département
« le 26 may dernier, tendant à réunir les ci-
« devant fiefs ruraux à la municipalité de
« Charleval, l'administration du département,

« présents cinq membres, considérant que les
« propriétaires des ci-devant fiefs forment
« toute population avec les cultivateurs atta-
« chés à leur service : qu'il est indispensable
« qu'ils soient attachés à une municipalité pour
« être gouvernés par une autorité constituée ;
« que sans dépendre d'une municipalité ils ne
« peuvent être imposés et préjudicier par là
« essentiellement à la Nation. »

« Considérant qu'il est de la plus grande
« justice, lors de la réunion des dits domaines
« de consulter l'intérêt des contribuables dans
« la proximité des communes auxquelles ils
« doivent être joints ; considérant en outre
« que Bonneval, Ste-Croix et la Royère confi-
« nent avec Charleval et que Valbonnette se
« trouve tout enclavé dans le terroir de Lam-
« besc (1), que l'on a représenté des contesta-
« tions entre Lambesc et Valbonnette sur les
« limites, qu'il convient de faire cesser ou de
« prévenir. »

« Arrête que les ci-devant fiefs de Bonneval,
« Ste-Croix et la Royère seront et demeureront

____

(1) C'est là une profonde erreur. Par sa position topographique même, c'est-à-dire le système d'écoulement de ses eaux
dans la vallée de la Durance, son éloignement de Lambesc
dont il est séparé par une chaîne de montagnes, l'absence de
toute route reliant ces deux pays, enfin par son voisinage
immédiat avec Charleval, le domaine de Valbonnette appartient
naturellement au territoire de cette dernière commune.

« réunis à la municipalité de Charleval et que
« celui de Valbonnette sera joint à celle de
« Lambesc et que pour l'exercice de 1791 et
« 1792 les contributions foncières et mobiliaires
« de ces fiefs reçues par les percepteurs des
« communes de Lambesc et de Charleval rela-
« tivement à leurs attributions ; que les matrices
« des dits ci-devant fiefs et tels papiers directs
« à l'administration commune seront réunis au
« greffe de la municipalité de Charleval et
« qu'aux prochaines élections, les citoyens
« actifs des dits lieux concourrent avec ceux
« des communes auxquelles ils sont joints. »

« Arrête, en outre , que le présent sera porté
« à l'autorisation de l'Assemblée Nationale et
« néanmoins exécuté provisoirement pour tout
« ce qui concerne l'assiete des impositions et le
« recouvrement des contributions ou paye-
« ment faits ou à faire, ainsi que pour les
« élections, jusqu'à ce qu'il y ait été définitive-
« ment statué ; que le présent sera envoyé au
« District et par lui aux municipalités intéres-
« sées pour être mis en exécution. »

« Fait à Aix en l'administration du départe-
« ment le 14 juin 1792, l'an 4ᵉ de la Liberté » (1).

____

(1) Archives de la Préfecture des Bouches-du-Rhône n· 4
Reg. B. (municipalité) f⁰ 89. Copie de cet acte existe également aux mêmes Archives. (Dossier du District d'Aix).

Si cet acte avait pu être consulté en 1832, il est probable qu'il aurait influencé l'autorité préfectorale en faveur de Charleval, car il fournit la preuve : 1º que Valbonnette devait d'abord faire partie de la commune de Charleval ; 2º que l'arrêt du 14 juin 1792 eut un caractère absolument provisoire ; 3º que la séparation fut faite sous la réserve de l'approbation de l'Assemblée Nationale, approbation dont il n'existe aucune trace. Malheureusement on ne retrouva pas ce document. En l'état, il n'était guère possible à Charleval de l'emporter sur son influent chef-lieu de canton — l'ancienne ville de Lambesc, laquelle, malgré l'avis défavorable de l'expert géomètre (1), garda Valbonnette. La population de Charleval se montra fort mécontente de ce résultat, un mouvement séparatiste se dessina et prit bientôt une telle importance que, dans la séance du 4 février 1838, le Conseil municipal répondant au secret désir des habitants — proposa hardiment la formation d'un nouveau canton composé des communes du Vernègues, Alleins, Charleval et Mallemort, avec cette dernière comme chef-lieu (2).

---

(1) Archives de la Préfecture des Bouches-du-Rhône M 9 12 (Circonscriptions territoriales).

(2) Les communes de Mallemort. d'Alleins et du Vernègues, avaient déjà demandé à plusieurs reprises,leur réunion à l'arrondissement d'Aix (Archives de la Préfecture. Série M 9, nᵒˢ 5, 6).

L'Empire qui s'était montré si favorable au développement de l'instruction secondaire n'avait pas eu la même sollicitude pour l'enseignement primaire. C'est ainsi, qu'à Charleval, l'école créée sous la Révolution n'existait déjà plus en 1800, puisque cette localité est alors comprise dans la liste de 25 communes du département n'ayant à ce moment ni école, ni instituteur. (1) Il en fut probablement ainsi jusqu'en 1833, époque où le Conseil Municipal dans sa séance du 8 août, prit la décision suivante : « Considérant que la population de la « Commune est assez considérable et les « moyens suffisants pour entretenir une école « primaire, décide la création de cette école. Le « taux de la rétribution mensuelle à payer par « les élèves sera de un franc par mois et le « traitement fixe à accorder à l'instituteur, de « 200 francs et le logement (2) ». Quelques années après, le 8 novembre 1837, on créa l'école des filles, dont la direction fut par la suite confiée aux sœurs de la Présentation (3).

Un événement qui résume en lui-même tous

----

(1) Georges Saint-Yves et Joseph Fournier. *Le Département des Bouches-du-Rhône de 1800 à 1810*, page 263.

(2) Archives de Charleval — Registre des Délibérations.

(3) Plus tard, en 1868, on votera la gratuité des écoles et l'organisation d'une classe d'adultes.

les progrès accomplis par la démocratie depuis un demi-siècle, c'est l'élection en 1840 du Marquis de Jessé-Charleval au Conseil Municipal. Il avait été institué « héritier universel des « biens, noms, titres et armes des Cadenet par « son cousin Paul-François-César-Alphonse « de Cadenet, marquis de Charleval, ancien « garde du corps de Louis XVI, suivant son « testament du 21 avril 1824 (Béraud, notaire « à Aix) (1). Avec lui commence la branche « des « de Jessé-Charleval » (2).

A peu près vers cette époque, s'ouvre la longue série des réclamations de la commune contre la ville de Marseille, à propos de la construction du Canal. Quelques années avant, Charleval avait eu des difficultés avec l'*Œuvre de Craponne*. Un chapitre spécial étant réservé aux canaux, nous reviendrons sur ce sujet.

Le début de l'année 1844 rappelle pour

---

(1) Emile Perrier. *Les Bibliophiles et les Collectionneurs Provençaux (arrond. de Marseille)*, pages 258, 259.

(2) La famille de Jessé — originaire de Béziers — est de vieille et bonne noblesse, Henri IV — dans ses Lettres Patentes, déclare que « La maison de Jessé a toujours été fort zélée pour son service et pour celui de ses prédécesseurs, soit dans la carrière des armes, soit dans la magistrature » (Archives de la famille de Jessé-Charleval). Tout récemment un membre de cette famille — César-Antoine-Joachim-Alphonse de Jessé-Charleval, fut général commandant de Corps d'Armée, et son frère — Eudore-Joseph-Emilien-Antoine — maire de Marseille, en 1877.

Charleval un temps de prières et de recueille-
ment : on y prêchait la grande mission. Le
Conseil Municipal prit part à cette manifesta-
tion religeuse et pour en perpétuer le souvenir,
voulut bien voter une somme de 100 francs
destinée à l'érection d'une croix entre les rues
Saint-Césaire et Bourbon, (1), le long de l'avenue de Pont-Royal (2).

La Révolution de 1848 ne provoqua aucun
émoi, ne suscita aucun trouble dans Charleval,
une Commission Municipale présidée par « le
citoyen Laty », remplaça le Conseil.

En 1849 et le 4 septembre, a lieu une séance
extraordinaire du Conseil municipal, à laquelle
assistent les habitants les plus imposés. Il s'agit
des dépenses nécessitées par la désaffectation
de l'ancien cimetière devenu insuffisant, l'achat
des terrains nécessaires au nouveau, le rachat
de la maison curiale et la réédification du
clocher (3) « attendu que depuis environ dix
« ans un jeune enfant est obligé de parcourir
« les rues avec une clochette pour annoncer

---

(1) Il existait alors à cet endroit, un terre-plein occupé
aujourd'hui par une salle de bal.

(2) Sous la Révolution : *Pont National.*

(3) Il avait était construit en 1775 « pour y mettre la cloche
« accordée par le vénérable Chapitre » et sollicitée par la
Communauté le 14 février 1773. Charleval — Registre des
Délibérations.

« aux habitants l'heure des offices (1) ». On décida de recourir à un emprunt de 6.000 francs.

Charleval si souvent éprouvé par la famine, devait encore une fois en subir la dure étreinte pendant l'année 1853 (2). Son long martyre n'était pas terminé. Il manquait à son chemin de la croix une dernière station. Hélas ! Il en est des cités comme de certaines personnes, la fatalité semble s'acharner sur elles : tel est le cas de Charleval.

Dans l'impossibilité absolue de pouvoir secourir les habitants, le conseil municipal adresse un appel désespéré à la charité privée. Ce cri de détresse est entendu par quelques âmes généreuses : Mlle Morel de Calissane, propriétaire du château de Valbonnette, donne 500 francs et M. Roubaud, médecin, offre de soigner gratuitement tous les indigents. D'autres personnes au cœur charitable surent également — en cette pénible circonstance — venir en

---

(1) Archives de Charleval — Registre des Délibérations.

(2) Quelques années avant, en 1847, le Conseil Municipal avait voté une somme de 600 francs pour l'ouverture d'un nouveau chantier de charité. Les indigents furent employés à la réparation du chemin allant « à Lambesc en traversant les Costes ». Pendant le cours de la même année on distribua aussi aux malheureux, une somme de 230 fr. accordée par l'Etat à titre de secours. (Archives de Charleval — Délibérations).

aide à leurs infortunés concitoyens. Heureusement pour Charleval c'est la dernière fois. Rendus prévoyants par l'adversité, les habitants se constituent en société de secours mutuels. Le Conseil rétablit sur des bases plus sérieuses le Bureau de Bienfaisance créé le 16 mai 1830 et veille à son bon fonctionnement. De ce moment date pour la population de Charleval une période nouvelle, période d'activité et de réorganisation (1).

(1) C'est en 1863, la formation d'un corps de pompiers ; en 1868, la construction d'un lavoir public, puis la gratuité des écoles, le Règlement sur la Voirie, etc.

CHAPITRE IX

La Fontaine Monumentale

Adduction des eaux de la Jacourelle dans
Charleval. — La souscription publique. —
Difficultés avec les grands propriétaires
du pays. — Inauguration officielle du
Monument.—Hommage rendu à la mémoire
de M. de Cadenet. — La fontaine et les
édifices publics. — Projets de réédification
de l'Eglise paroissiale. — Les événements
de 1870. — Le Chemin de fer.

UR l'initiative de M. Joachim Roche,
maire, le Conseil Municipal, dans sa
séance du 22 décembre 1860, prend la
décision de traiter avec le propriétaire de la
source de la Jacourelle (1) à l'effet d'obtenir le
droit d'établir une canalisation dans sa propriété. Il ne s'agissait rien moins que de l'adduction, dans Charleval, des eaux de cette
source et de la construction d'une fontaine
monumentale.

____

(1) Le domaine de la Jacourelle est dans la commune de la
Roque d'Antheron.

Les premières démarches ayant abouti, le projet fut déclaré d'utilité publique et son exécution confiée, le 9 décembre 1861, à M. Reynaud, architecte à Grans. Les dépenses devaient être couvertes par une souscription publique et par les subventions du département et de l'Etat. M. Joachim Roche, maire, et M. Jullian, adjoint, se consacrèrent avec un admirable dévouement à la réussite de cette entreprise, veillant à tous les détails, allant de maison en maison recueillir les adhésions, réchauffer le zèle des indifférents. Leur ardeur fut telle que le montant de la souscription dépassa le chiffre prévu. Chacun dans Charleval voulut apporter son obole (1) et seconder un si beau zèle.

Commencés en 1862, les travaux furent interrompus dès le début, les principaux propriétaires des terrains sur lesquels devait être établie

---

(1) Parmi les souscripteurs figure le nom de Joseph Soumy, célèbre graveur et peintre né au Puy (Haute-Loire). Séduit par la beauté du site il était venu à Charleval « ce paradis terrestre » (dit-il dans une de ses lettres) chercher loin de Paris le calme et la tranquillité nécessaires à ses travaux. Il s'y maria en 1861. Malheureusement cet artiste, grand-prix de Rome à 22 ans et sur lequel on fondait tant d'espérances, mourut deux ans après, âgé seulement de 33 ans, avant d'avoir atteint toute la maturité de son magnifique talent. Il a laissé, en peinture et en gravure, des œuvres qui font l'admiration des connaisseurs. La plupart sont aux musées de Lyon et du Puy. Celui de Marseille s'enorgueillit à juste titre de posséder de lui une superbe Tête d'Etude « *La Carolina* », chef-d'œuvre de finesse, de grâce et de coloris.

la canalisation ayant formellement refusé le passage dans leurs propriétés. Il fallait donc, ou plaider l'expropriation pour cause d'utilité publique, c'est-à-dire s'engager dans de longs procès, ou modifier le plan primitif et — continuant les travaux en cours — donner immédiatement satisfaction à l'impatience des habitants. Après bien des hésitations on dut se résigner à modifier le premier tracé, sans trop se rendre compte que le projet ainsi remanié n'offrait plus les mêmes conditions de réussite, l'équilibre établi entre la pente des terrains et le volume d'eau à fournir n'étant plus le même. Il en résulta que la canalisation en briques prévue tout d'abord et dont la résistance avait été calculée d'après l'ensemble du projet et la nature du sol, devint bientôt — à cause même des modifications apportées — absolument insuffisante ; elle creva plusieurs fois, nécessitant par la suite la réfection complète des travaux.

L'inauguration officielle de la Fontaine eut lieu le 29 août 1864, jour de la fête patronale, en présence du sous-préfet, du député de l'arrondissement et du conseiller général. Dès la première heure, le matin, les routes couvertes de carrioles, de jardinières, de véhicules de toutes sortes, ou de piétons, présentèrent une animation extraordinaire. Il vint du monde de Lambesc, Mallemort, La Roque, Alleins et même de Salon. Cette foule d'étrangers, ce mélange de toilettes, où le si gracieux costume arlésien piquait sa note pittoresque, ne fut pas un des moindres attraits de la fête. Les habitants heureux de voir enfin se réaliser le plus cher de leurs désirs, exultaient de joie et nous supposons qu'au moment solennel où l'on découvrit le monument, plus d'un se fit un pieux devoir de saluer le buste de M. de Cadenet dont on avait eu la généreuse pensée de couronner la nouvelle fontaine.

Quoique un peu tardif, cet hommage rendu à la mémoire du fondateur et bienfaiteur du village honore toute la population de Charleval. Il fut si bon pour ses emphytéotes, il en fut si peu récompensé que c'était presque une obligation pour les fils d'acquitter envers lui la dette d'honneur contractée par leurs pères. Ceux-ci vivaient à une époque où les exigences sociales primaient tout autre sentiment. Le tourbillon irrésistible de la Révolution les entraînait malgré eux vers l'émancipation finale. Il leur fallait marcher, marcher toujours, même en foulant aux pieds les droits sacrés de la reconnaissance, et cette situation particulière explique sans l'excuser leur noire ingratitude.

Jeunes gens de Charleval qui, pour la Saint-Césaire (1), allez de porte en porte donner l'aubade, arrêtez-vous ! De grâce ! Arrêtez-vous devant l'image de pierre de ce bienfaiteur malheureux. Que vos tambourins fassent en son honneur entendre leurs plus harmonieux accords. Quelles que soient vos opinions politiques ou vos convictions religieuses, découvrez-vous : cet homme fut grand par ses vertus et son amour du peuple. Il aima vos ancêtres, leur ouvrit sa bourse et son cœur. Il encouragea leurs débuts, partagea leurs travaux, se plaisant à vivre au milieu d'eux. S'il fut riche et noble, songez quel généreux emploi il sut faire de sa fortune ; combien la noblesse du cœur l'emportait chez lui sur celle que donne la naissance ! Et, si ce n'est assez de tous ces titres pour avoir droit à votre respect, dites-vous qu'il fut malheureux à cause des vôtres, que le chagrin hâta sa mort et qu'enfin —victime expiatoire de tout un passé abhorré— il paya, lui innocent et bon, les fautes de toute une race !...

Le monument, d'un aspect très gracieux, est composé d'une fontaine en pierre servant de

____

(1) Fête du Pays (Saint Césaire était le patron de **M. de Ca**-**denet**).

piedestal à une élégante colonne surmontée du buste en marbre de M. de Cadenet (1), œuvre du sculpteur Berniat, d'Aix. Il est à quatre faces offrant chacune, comme ornement central, un dauphin sculpté, par la bouche duquel l'eau jaillit continuellement. Quatre tubes métalliques affec tant la forme de serpents, décorent les angles L'eau coule donc par huit ouvertures et tombe dans un bassin circulaire. Sur la façade méridionale on lit cette inscription : *Deus nobis hæc otia fecit*, c'est-à-dire : « Dieu nous fit ce présent »(2)· Pourquoi ne graverait-on pas sur le côté Nord, les sublimes paroles adressées par M. de Cadenet à son fils : « Je recommande à mon « fils d'être toujours le père de ses vassaux, de « les mener par la douceur, d'empêcher qu'ils « ne se dévorent par les procès, de converser « familièrement avec eux, de leur donner un « libre accès pour ce qu'ils auront à faire avec « leur seigneur » (3).

Il appartient à la nouvelle génération de réparer cet oubli.

---

(1) Un tableau de famille servit pour la reproduction des traits. Le buste en marbre coûta 1700 francs.

(2) Littéralement : « Un Dieu nous a fait ces loisirs ». Virgile (églogue 1re, verset 6).

(3) Testament de M. de Cadenet cité par dom Th. Bérengier, auteur de *la Notice Historique sur Monseigneur de Cadenet-Charleval, évêque d'Agde*.

En plus de l'inestimable avantage de fournir aux habitants une eau abondante et pure, la Fontaine, par son heureuse situation au cœur du village, au centre même de la Grand' Place, est un embellissement pour le pays. Déjà, le joli château renaissance bâti par M. Bonnefoy a remplacé l'ancienne et trop modeste demeure seigneuriale ; il ne manque plus à Charleval que de posséder une autre mairie et une autre église. Ces édifices — comme l'était d'ailleurs l'ancien château — sont fort simples, sans ornements, sans style, sans caractère, et surtout sans valeur artistique. L'Hôtel de Ville (1) est une vieille masure que seule la tour de l'Horloge distingue des autres habitations; le four communal en occupe tout le rez-de-chaussée; l'église, un bâtiment allongé en rectangle; quatre murs, dont celui en façade, surmonté d'un fronton triangulaire. Sauf le clocher, qui n'est pas sans élégance quoique fort simple, on ne peut rien trouver de plus rudimentaire et de moins architectural. Depuis longtemps, la population réclamait une église plus grande et plus digne de son objet, mais pour des raisons d'ordre budgétaire, le Conseil avait toujours différé, se contentant de

____

(1) Il s'agit de l'ancien Hôtel de Ville.

faire opérer les réparations les plus urgentes.

En 1867, la réédification de l'église fut un moment sur le point de se faire par voie de souscription publique ; ce projet n'aboutit pas. Un peu plus tard, le Conseil général vota, dans ce but, une subvention de 1000 francs, mais à la suite des grandes dépenses occasionnées par la guerre de 1870, cette somme reçut une autre destination. La question de nouveau soulevée en 1874, le Conseil municipal (séance du 20 mai), déclara qu'il voulait bien aider la Fabrique et participer à la dépense nécessitée par la construction d'une nouvelle église, à la condition que l'Etat y contribuerait, lui aussi, par une subvention de 10.000 francs. Le gouvernement trouvant sans doute la somme exhorbitante, l'église resta ce qu'elle était, c'est-à-dire telle qu'on la voit aujourd'hui, La mairie seule fut reconstruite.

Les événements politiques de 1870 laissèrent Charleval relativement tranquille. On réorganisa la garde nationale dont une compagnie alla tenir garnison à Aix. Les hommes — primitivement armés de fusils de chasse — reçurent par la suite un armement plus perfectionné (1), plus

---

(1) On pourvut à cet armement au moyen d'une souscription publique ouverte parmi les habitants du village. Le gouvernement remboursa plus tard les souscripteurs.

uniforme qui leur permit de figurer dignement
à la revue des troupes de la garde nationale du
canton, passée à Lambesc en octobre 1870.

Une grande pensée domina toutes les préoccupations politiques ou administratives des
municipalités qui se succédèrent à Charleval
de 1870 à 1889 : relier la commune à une
ligne de chemin de fer. Déjà, en 1868, le Conseil Municipal avait demandé la construction
d'un pont sur la Durance afin de permettre aux
habitants l'accès d'une des gares de la ligne :
Pertuis-Cavaillon, sur la rive droite. Ce pont
devait être situé à une égale distance de La
Roque d'Antheron, Charleval et Lauris (Vaucluse).

D'autres tentatives furent faites à diverses
époques et toujours dans le but de mettre
Charleval en communication avec une voie
ferrée: toutes échouèrent. Aussi, lors de la création des chemins de fer régionaux, le Conseil
Municipal fut-il un des premiers à émettre le
vœu « qu'une ligne de chemin de fer allant de
Lamanon à Meyrargues soit établie » (2). Ce projet réussissant, c'était la certitude d'avoir une
gare à Charleval même. L'activité déployée en

---

(2) Séance du conseil municipal du 17 mars 1878. Ce vœu
fut renouvelé le 12 février 1882 et le 9 août 1883.

cette circonstance par tous les intéressés fut couronnée d'un plein succès, le chemin de fer des Bouches-du-Rhône traverse Charleval depuis le 19 juillet 1889, mettant cette localité en communication directe avec la ligne de *Paris-Marseille*, par Lamanon ; et avec celle des *Alpes*, par Meyrargues.

CHAPITRE X

Bonneval

L'ancienne seigneurie et la maison de Forbin.
— Emeric de Lauris. — Acte de vente de
1663. — Aperçu généalogique sur la mai-
son Ruffo-Bonneval. — Un épisode de la
Ligue. — Sous la Révolution. — M. Camille
Monier. — Le château et ses dépendances.
— Les eaux de Craponne. — Description
des environs.

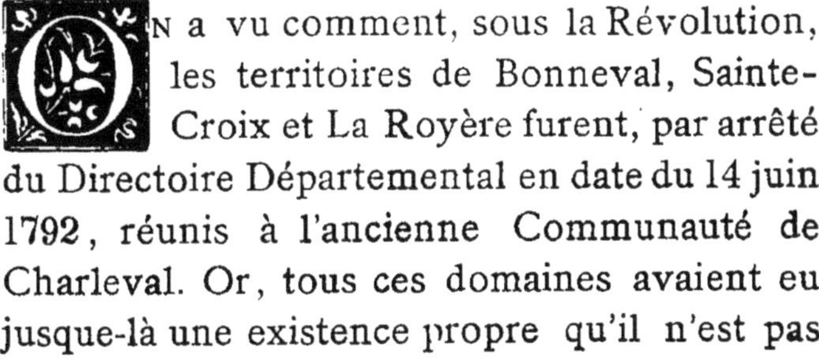

N a vu comment, sous la Révolution, les territoires de Bonneval, Sainte-Croix et La Royère furent, par arrêté du Directoire Départemental en date du 14 juin 1792 , réunis à l'ancienne Communauté de Charleval. Or, tous ces domaines avaient eu jusque-là une existence propre qu'il n'est pas sans intérêt de retracer.

Enclavé dans le fief de Valbonnette, Bonneval dont les extrêmes limites séparent aujour-d'hui la commune de Charleval de celles de Mallemort, Lambesc et du Vernègues, fut possédé par plusieurs familles nobles. La plus ancienne en titre est la maison de Forbin à laquelle le duc de Guise, seigneur de Valbonnette, l'inféoda en arrière-fief, par lettres patentes du 8 février 1579, en faveur de Bertrand Forbin, Conseiller du roi, Commissaire de la Marine du Levant, Capitaine de la Porte Royale à Marseille. Cette inféodation consentie sous la réserve « d'un denier d'or de censive et « trois charges et une émine de blé annuellement » fut confirmée en 1582 et 1592 (1).

Bertrand de Forbin — premier seigneur de Bonneval — prit à cœur de faire valoir le domaine agricole de sa nouvelle seigneurie. Il traite avec Adam de Craponne pour les arrosages et augmente le territoire par de nouvelles acquisitions. C'est ainsi qu'il devient propriétaire dans le terroir de la Royère « de « certaines parcelles de terrain ayant appar- « tenues à Jehan Borgarel fils (2). » Il acquiert aussi la bastide de Bramejan, et passe avec les

---

(1) Acte de vente du 23 juin 1663 (not. Etienne Eguisier) dont nous devons la communication à l'obligeance de M. Célestin Blanc, de Charleval.

(2) Archives de Charleval. Dossier des Arrosants de la Royère.

« *manants de la Rouvière* » un accord par lequel il obtient le droit de se servir de *l'Eau du Fuyant du Moulin de la Roque*« de pouvoir « jouyr, user et disposer de la dite eau pour « icelle conduire, mener et dériver en sa « bastide, et affard de terres, qu'il a assize au « terroir de Mallemort, appelée Bramejan (1).»

Bertrand de Forbin eut trois fils : François de Bonneval qui remplaça son père dans la charge de capitaine de la principale porte de Marseille ; Nicolas, tué à la guerre, et Paul Albert, commandant des galères du roi (2). Louis, fils de François de Bonneval, épousa en 1605 Isabelle de Cadenet, fille d'Ambroise de Cadenet, seigneur de Tamerlet.

Emeric de Lauris, seigneur des Taillades (3) devint à son tour propriétaire du domaine de

---

(1) Archives de Charleval. Dossier des Arrosants de la Royère.

(2) Pierre Louvet — *Histoire des Troubles de Provence (Additions)*. Page 36.

(3) Il y avait une seigneurie des Taillades dans le Comtat-Venaissin, mais il s'agit probablement ici du domaine des Taillades dans la commune de Lambesc.

Les seigneurs de Lauris avaient possédé Valbonnette en Coseigneurie de 1283 à 1420.

D'après Pithon-Curt, l'historien de *La Noblesse du Comtat*, cette maison — une des plus illustres du Comtat Venaissin — serait originaire de Marseille. Un seigneur de Lauris était parmi les 100 chevaliers provençaux qui — avec Charles Ier — se rendirent à Bordeaux Pour y combattre Pierre d'Aragon et 100 chevaliers espagnols. Le combat n'eut pas lieu, Pierre d'Aragon et les siens s'étant dérobés.

Bonneval par son mariage avec Renée de Forbin, fille de Louis de Forbin et d'Isabelle de Cadenet. Ce devait être pour lui une très illustre alliance puisque Claude de Lauris, son père, « ayant le présent mariage fort agréable en « contemplation et en faveur d'Iceluy » déclara dans le contrat qu'il donnait à son fils la moité de ses biens (1).

Emeric de Lauris — qui paraît avoir été un familier d'Henri de Lorraine, duc de Guise — fut un moment seigneur de Valbonnette et de Sainte-Croix.

« En l'année 1647 et le 8ᵉ du mois d'Aoust « Ledit sieur des Taillades fils estant dans la « ville de Rome acheta de Monseigneur le duc « de Guise, la terre et seigneurie de Valbon- « nette pour le prix de 50.000 Livres (2) ». Mais la mère du duc de Guise attaqua la validité de cette vente et une transaction fut passée le 31 mai 1650, à la suite de laquelle on éleva le prix d'achat à 70.000 francs (3).

____

(1) Archives du Château de Valbonnette, Procès de 1683.
(2) Id. L'acte de vente dressé à Rome en 1647 fut enregistré à Lambesc le 7 juin 1648, par Arquier, notaire.
(3) Archives du château de Valbonnette. Procès de 1683.
D'après les *Tables Monétaires de Natalis de Wailly*, la livre valait alors 1 fr. 798768 de notre monnaie, soit : 125.13 fr. 76. Si l'on tient compte de la *puissance d'achat* qui au XVIIᵉ siècle était le double de celle d'aujourd'hui, on verra que la seigneurie de Valbonnette fut vendue au prix de 251.827 fr. 52.

En cette circonstance — comme pour son mariage — Emeric de Lauris fut grandement aidé par son père ; aussi, en considération du nouveau service rendu, lui permit-il de prendre une hypothèque privilégiée sur « la dite « terre de Valbonnette et de la dite somme « entière de 70.000 Livres ». C'est en vertu de cette clause qu'à la mort de Claude de Lauris ses créanciers exigèrent la vente de Valbonnette « faisant aparoir le prix de la dite terre « avoir esté payé des deniers de Claude. »

Les créanciers du fils prétendaient le contraire, d'où procès à la suite duquel et par jugement du 20 octobre 1668, la terre de Valbonnette fut partagée entre les créanciers d'Emeric et ceux de Claude de Lauris, dont les principaux étaient : le Président de la Roque, le sieur de Libertat, les frères d'Aymard, les hoirs du seigneur de Meyrargues, le conseiller du Chaffaut et *noble* François de la Tour, de Cadenet, sieur de Tamerlet. Ces deux derniers devenus par la suite seuls propriétaires du fief passèrent entre eux — le 22 mars 1670 (1) — un accord par lequel ils se partagèrent la seigneurie de Valbonnette.

De son mariage avec Renée de Forbin,

---

(1) Archives du château de Valbonnette.

Emeric de Lauris eut une fille : Thérèse de Lauris. Or, cette fille voulant se marier, « se « trouvant en âge nubile et tous ses effets « consistant en fonds de terre et cela donnant « rebut aux mariages qui peuvent se rencon- « trer (1) », son père demanda et obtint de la Cour, la permission de vendre la seigneurie de Bonneval et la terre de Bramejan. Après les formalités alors en usage, le sieur Accassy Roux, écuyer de la ville de Marseille, en fut déclaré acquéreur, le 23 juin 1663, pour le prix de 40.000 livres (2).

Faut-il voir dans Accassy Roux, le nouveau propriétaire de Bonneval, un descendant de l'ancienne maison de Ruffo ? Les armes des deux familles diffèrent absolument : Celles d'Acassy Roux portent « de gueules à trois « pals d'argent à la bande d'azur chargée de « trois besants d'or brochant sur le tout (3) » tandis que celle des Ruffo-Bonneval étaient : « coupé d'argent à l'émanche de sable de quatre « pièces et deux demies ». Une confusion de noms se serait-elle produite entre deux mai-

---

(1) Acte de vente de la terre de Bonneval en 1663 (document déjà cité).

(2) Id.

(3) Octave Teissier et J. Laugier. *Armorial des échevins de Marseille*. Pages 13, 19, 111.

sons étrangères l'une à l'autre, Roux étant la traduction française du latin *Ruffo* ? Non ! Malgré quelques obscurités, quelques lacunes, c'est bien là, une seule et même famille qui, tantôt sous le nom de Ruffo, tantôt sous celui de Roux, posséda la terre de Bonneval jusqu'à la Révolution. D'ailleurs, une déclaration notariée du 6 décembre 1731, faite par messire François de Roux, seigneur de Beauvezet et de Lamanon, « atteste et reconnaît que la fa-« mille de Roux des seigneurs de Bonneval, « est la même que la sienne, toutes deux issues « du même tronc (1) ».

Artefeuil, dans son *Histoire Héroïque de la Noblesse Provençale*, dit à propos des Ruffo-Bonneval : « On ne s'arrêtera pas à prouver la « noblesse de famille reconnue très ancienne-« ment pour noble en Provence depuis l'assis-« tance de Poncet Ruffi, comme coseigneur de « Lamanon, aux Etats Généraux de Provence « en 1390, qui a été dans cette province le « fondateur de cette famille (2) ».

Au point de vue de l'ancienneté de la maison Ruffo et de la date de son arrivée en Provence,

---

(1) Gourdon de Genoulliac et le marquis de Piolenc. *Nobiliaire du Département des Bouches-du-Rhône.* Page 158.

(2) Artefeuil. *Histoire héroïque de la Noblesse Provençale.* Tome III, page 284.

l'auteur de l'*Histoire Généalogique de la Maison Ruffo* est encore plus précis. « Après « la fin malheureuse de la reine Jeanne — « dit-il — arrivée en 1382, un grand nombre « de familles qui lui étaient restées fidèles « suivirent le parti du duc d'Anjou, fils du roi « Jean et plusieurs se retirèrent en France. « Parmi ces dernières étaient celle des Ruffo, « une des plus puissantes et des plus illustres « du royaume de Naples. Déjà à cette époque « son ancienneté se perdait dans la nuit des » temps. Elle avait donné un grand nombre de « consuls à la République Romaine, avait occupé « les plus grandes charges et rendu d'impor- « tants services. Elle ne le cédait en illustra- « tion à aucune autre famille (1) ».

D'après Artefeuil (2), les ancêtres d'Accassy Roux habitèrent Marseille et s'y livrèrent au commerce en gros jusqu'en 1641. A cette époque, et par un privilège particulier, la noblesse provençale pouvait sans déroger, s'occuper d'opérations commerciales ; c'est ainsi que beaucoup de vieilles et nobles famil-

---

(1) *Histoire Généalogique de la maison Ruffo*, par Fila- delfe Mugnos, traduite de l'italien par le comte de Montgrand, page 412.

(2) *Histoire Héroïque de la Noblesse Provençale*.

les marseillaises s'enrichirent dans le négoce (1).

Le fils d'Acassy, Nicolas Roux, premier échevin de Marseille en 1669 (2) occupa en 1675, la charge alors très importante, de Lieutenant général de l'Amirauté (3). Il mourut en 1680 laissant un enfant en bas-âge — Joseph de Roux de Bonneval — pour lequel Lucrèce de Valbelle, sa mère, prêta l'hommage au roi, l'arrière-fief primitif s'étant transformé en fief probablement à la suite de la vente de Valbonnette en 1647.

Joseph Benoit de Roux, seigneur de Bonneval et de La Fare, fils de Nicolas, fut reçu conseiller au Parlement de Provence en 1694, Plus tard, Louis XV, en considération des services rendus pour les seigneurs de Bonneval et de l'ancienneté de leur famille « origi- « naire du royaume de Naples où elle portait « le nom de Ruffo (4) érigea en marquisat la terre de la Fare.

Parmi les membres les plus illustres de cette

---

(1) Des Lettres de Charles IX données à Moulins le 10 janvier 1566, enregistrées au Parlement d'Aix le 31 mai suivant. autorisaient les nobles à commercer en gros à Marseille. *Histoire Analytique et Chronologique des Délibérations de la Municipalité de Marseille*, par Mery et Guindon. Tome V, page 22.
(2) Mery et Guindon. Ouvrage cité. Page 17, vol. V.
(3) Id.Page 284, vol. III,
(4) *Histoire Généalogique de la maison Ruffo*. Ouvrage cité, page 273.

famille il faut citer : Charles-Joseph-Marie-Benigne-Isidore de Ruffo-Bonneval, marquis de La Fare, chevalier, seigneur de Bonneval. Il naquit en 1736 et fut Lieutenant des vaisseaux du roi, chevalier de l'ordre royal et militaire de Saint-Louis, Premier Procureur des Etats de Provence, maire et premier consul de la ville d'Aix (1). Ensuite, l'abbé de Ruffo-Bonneval, chanoine de Notre-Dame, député du clergé de Paris aux Etats généraux de Versailles (2). Un autre abbé de ce nom qui — à peu près vers la même époque — fut évêque de Senez ; nommé en 1817 archevêque d'Avignon, sa grande modestie lui fit refuser cette nouvelle dignité (3).

Enfin, de 1522 à 1796, cette illustre maison a donné treize chevaliers à l'ordre de Saint-Jean de Jérusalem.

Pendant les guerres de religion, un détachement de troupe, envoyé par Montmorency au secours de La Valette, et fort de quinze cents hommes, essuya dans la plaine de Bonneval la plus sanglante défaite. Surpris par les Ligueurs provençaux entre le canal de Craponne et la

---

(1) *Histoire Généalogique de la maison Ruffo,* ouvrage cité, page 275.
(2) Id. Page 471.
(3) Id. Page 471.

Durance (1), les royalistes — après avoir perdu la moitié de leur effectif — furent complètement dispersés. Les uns regagnèrent Mallemort où on les égorgea lâchement. Les autres vinrent se réfugier dans l'ancienne abbaye de Sylvacane d'où le seigneur de Meyrargues, les fit jeter dans la Durance. Il n'y eut de sauvés que ceux qui se dirigèrent sur Rognes en traversant le bois de Valbonnette.

Un quartier de Bonneval, situé à gauche de l'allée qui conduit au château et tout près de celui-ci. porte encore aujourd'hui le nom significatif de « *champ de bataille* ».

Sous la Révolution le seigneur de Bonneval ayant comme tant d'autres, pris la route de l'étranger, le Conseil Municipal, dans sa séance du 15 septembre 1792, ordonna de faire des perquisitions au château. On y trouva: 2 fusils, 2 sabres et 1 pistolet d'arçon. Quelques jours après, sur l'initiative de la *Société Populaire de Charleval*, on fit l'inventaire des meubles et immeubles constituant l'ensemble de toute la propriété de Bonneval,

____

(1) L'armée des Ligueurs commandée par Besaudun et d'Ampus auxquels vinrent se joindre les seigneurs de La Barben et de Panisse (Lamanon) occupait « un coteau joignant « le bois de la Rouvière entre La Roque et Malemort. » Gaufridy. *Histoire de Provence*, page 677.

Enfin, le 2 juin 1793, eut lieu, en présence
d'une partie de la population de Charleval, la
vente aux enchères publiques « des meubles ét
« effets de l'émigré *Roux* dit la *Fare* (1) » et le
29 Messidor an IV (17 juillet 1796) celle des
immeubles. Cette dernière vente consentie au
prix de 104.000 francs en faveur de plusieurs
particuliers de Salon fut annulée. De nouvelles
enchères ayant été ouvertes le 4 Floréal, an VI
(24 avril 1798) on se disputa vivement la
propriété de ce domaine qui monta jusqu'à
1.326.000 francs (2), prix auquel Bonneval fut
adjugé au sieur Jean Flopin, agissant pour le
compte d'Honoré Artaud, d'Aix ; Jean-Pierre
Giraud, de la Fare ; Etienne Bailly, Esprit
Garcin et Joseph Bondil, de Marseille, savoir :
les citoyens Artaud et Giraud pour un quart
chacun et Flopin, Bailly, Garcin et Bondil
pour la moitié restant (3).

Peu de temps après, le château de Bonneval
fut l'objet d'une étrange violation de domicile
de la part de quatre hommes armés. Voici à

---

(1) Les ornements de la chapelle et les habits sacerdotaux
furent sollicités et obtenus par la Commune au profit de l'église
de Charleval « pour y être placés dans un lieu décent. » Il y
avait notamment deux tableaux, dont un représentant « Notre-
Dame de la Pitié » et l'autre « Jésus-Crucifié. »

(2) En assignats probablement.

(3) Archives des Bouches-du-Rhône, série Q. Rég. 870, fº 243.

titre de document sur les mœurs de cette époque un extrait du procès-verbal dressé par le
maire de Charleval : (1) « L'an IX de la Républi-
« que Française et le 21 Germinal, nous Joseph
« Bondil, maire de cette commune de Charle-
« val, second arrondissement communal du
« département des Bouches-du-Rhône, disons
« que ce jour à 2 heures après midi étant dans
« notre maison d'habitation faisant partie du
« domaine national de Bonneval, terroir de
« Charleval, nous avons été averti par le cito-
« yen Jean Pierre Giraud, autre propriétaire
« du dit domaine national, que 4 hommes armés
« s'étaient introduits dans sa maison contiguë
« à la nôtre, dont l'un qui paraissait être le
« chef avait le sabre nu à la main et les autres
« étaient armés chacun d'un fusil ».

« Sur cet avis, nous nous sommes de suite
« transporté dans la maison du citoyen Giraud
« et nous avons déclaré aux dits 4 hommes
« armés que nous avons trouvés, que nous
« étions le Maire de la Commune et que nous
« les requerrions au nom de la Loi de nous exhi-
« ber l'ordre en vertu duquel ils étaient venus
« furtivement dans cette maison, sans en
« prévenir l'autorité civile de cette commune ;

______

(1) Archives de Charleval — Registre des Délibérations.

« et en même temps que nous lui tenions ce
« langage l'un de cette troupe armée nous
« tenoit le fusil couché en joue et nous disoit
« *Si tu bouge, je te brûle.* Alors, celui qui
« paroissoit être le chef nous a répondu,
« n'avoir point d'ordre à nous exhiber
« et qu'ils étaient venus par leur propre
« ordre (1) ». Devant le cas de force majeure,
le Maire de Charleval dut assister — témoin
impuissant — à l'enlèvement de son administré. Lorsque rendu libre de ses mouvements,
il revint avec du renfort, les ravisseurs et
leur prisonnier avaient disparu du côté de
Pont-Royal. Malgré nos recherches, il ne nous
a pas été possible d'éclaircir cette mystérieuse
affaire ; quoi qu'il en soit, Giraud recouvra la
liberté puisque en 1807 il est un des premiers à
signer une protestation soulevée par les
habitants de Bonneval à propos d'une erreur
commise dans la fixation du taux des impositions.

La seigneurie de Bonneval fut donc partagée
entre six propriétaires. Ce nombre augmentera
encore et lorsque M. Camille Monier et son
frère acquerront — en 1855 — la part de
M. Ricard, ils ne trouveront pas moins de

---

(1) Archives de Charleval — Registre des Délibérations.

quinze copropriétaires installés dans le château. Heureusement pour la conservation de l'édifice et surtout pour le respect de son aménagement intérieur que les nouveaux arrivants — peu satisfaits de ce nombreux voisinage — réussirent à rester les seuls maîtres du château, de même qu'ils surent reconstituer à leur profit l'unité territoriale de l'ancien fief. Ce résultat est dû en grande partie à l'énergie déployée en cette circonstance par M. Camille Monier, père de M. Frédéric Monier, le propriétaire actuel de la totalité du château et de presque toutes les terres de Bonneval.

M. Camille Monier a laissé dans la région le souvenir d'un homme de bien ; c'était de plus un agronome fort distingué dont les travaux en matière d'irrigations furent très remarqués. Voici à ce propos l'avis de Barral, l'auteur compétent des *Irrigations dans le Département des Bouches-du-Rhône* : « Une grande « partie des terrains du domaine de Bonneval-« Taillades, environ 225 hectares, sont en pente « et constitués par du sable ou du gravier. « Les pluies d'orage y occasionnent des « bouleversements. Lorsque M. Monier acheta « la propriété en 1855, les eaux descendaient « en torrents qui ravinaient le sol et transpor-

« taient dans les parties basses une portion des
« terres hautes, de telle sorte que les terres de
« premier ordre de la plaine devenaient
« improductives tandis que sur les hauteurs, le
« le roc et le poudingue étaient mis à nu et
« dépouillés de toute terre végétale (1) ; les
« chemins étaient coupés et partout, après de
« fortes pluies on trouvait l'image de la dévas-
« tation. Les quantités d'eau qui tout d'un coup
« descendaient des parties hautes formaient des
« masses que M. Monier n'évalue pas à moins
« de 10 m³ d'eau et qui enlevaient tout sur leur
« passage. Pour remédier à un si grave état de
« choses, M. Monier a établi des bourrelets
« horizontaux, par conséquent rompant la
« pente, et plus ou moins rapprochés les uns
« des autres suivant la déclivité et la nature du
« sol. Dans les terrains les plus inclinés, les
« bourrelets sont à 4 mètres de distance avec
« une rangée de vignes sur le sommet ; ils sont
« espacés de 5, 10, 20 et même 50 mètres à
« mesure que la déclivité diminue (2) ». La
chute des eaux ainsi enrayée, les ravinements

---

(1) Ces lignes viennent confirmer ce que nous avançons dans
le 1er chapitre de la présente *Histoire de Charleval* au sujet
de la formation des terrains primitifs de cette partie de la
vallée de la Durance.

(2) J.-A. Barral *Les Irrigations dans le Département des
Bouches-du-Rhône,* page 126.

disparurent et ces mêmes eaux — précieusement recueillies et utilisées pour l'arrosage — devinrent aussi bienfaisantes que ce qu'elles avaient été nuisibles jusque-là.

M. Camille Monier s'occupa, non sans succès, du colmatage des terres ainsi que de la régularisation des arrosages. A la réunion des représentations des dix-huit communes arrosées par le Canal de Craponne (tenue à Salon le 27 février 1873) il se montra le plus ardent propagateur de l'abaissement du plafond du canal à la prise, affirmant que de cette façon l'eau ne manquerait jamais plus. L'expérience lui donna pleinement raison. « Les efforts de « M. Camille Monier — dit Barral — ont été « heureux en ce qui concerne la régularisation « de l'alimentation du canal ; ils méritent d'être « cités en exemples (1) ».

Une exploitation agricole placée sous une telle direction ne pouvait que prospérer. Le domaine de Bonneval était alors divisé en dix fermes dans chacune desquelles — en dehors des travaux de l'agriculture — on faisait annuellement de dix à quinze onces de vers à soie. Il y avait aussi une importante fabrique

______

(1) Barral. *Les Irrigations dans le Département des Bouches-du-Rhône*, page 123.

d'essence de térébenthine et de poix, alimentée par la résine provenant des pins de la forêt des Taillades.

Quoique possédant une population d'environ trente habitants, Bonneval n'est pas une agglomération rurale, ce n'est pas non plus un hameau, mais un vaste édifice rectangulaire composé de deux corps de bâtiments reliés entre eux par d'autres constructions moins importantes, formant à l'intérieur trois cours spacieuses. La façade principale comporte deux étages présentant chacun huit ouvertures. Elle est flanquée de deux ailes carrées débordant, ce qui donne à l'ensemble de l'édifice un certain caractère quoique l'architecture en soit fort simple. Ces deux ailes absolument semblables en ce qui concerne la façade n'ont pas les mêmes dimensions latérales : l'une — celle du Couchant — est percée de quatre ouvertures par étage ; l'autre — celle du Levant — n'en a que deux. Cette curieuse anomalie laisserait supposer que, pour une cause quelconque, cette partie du château n'a pu être achevée. Une vaste et belle serre — prolongement naturel de l'aile gauche — continue très gracieusement la façade du côté de l'Orient. Enfin, l'ancienne demeure seigneuriale des Ru ffo-Bonneval est précédée d'une magnifique et large pelouse délicieusement ombragée, avec comme ornement central un très joli bassin à jet d'eau.

Les caves occupent l'aile droite et le Nord du château ; elles comprennent quatre grandes salles aménagées pour recevoir plus de cinq mille hectolitres de vin.

Tel qu'il est actuellement le domaine de Bonneval-Taillades s'étend sur une surperficie de 700 hectares dont 350 dans la commune de Charleval et le reste dans celle de Lambesc. La première moitié — la meilleure — représente le domaine de Bonneval proprement dit, c'est-à-dire la presque totalité des terres composant jadis le fief de ce nom. L'autre, est entièrement occupée par la forêt des Taillades, cette fameuse forêt qui — si l'on en croit la légende — aurait servi de repaire à Gaspard de Besse et à sa bande (1). D'après une autre légende, moins sinistre, une commanderie des Templiers aurait existé sur l'emplacement même où s'élève au-

(1) D'après cette légende, les trop célèbres détrousseurs de grands chemins avaient établi leur repaire dans les grottes que l'on voit aujourd'hui en contre-bas du flanc oriental du coteau où se trouve le château des Taillades. Ces grottes communiquaient — paraît-il — avec de vastes souterrains dans lesquels les bandits entassaient le produit de leurs rapines. Seul, un berger du pays connaissait leur retraite et, lorsque toute la bande fut prise, il se rendit possesseur des trésors amassés par les voleurs.

jourd'hui le château. Ce château, construit dans le goût du moyen âge et selon le style adopté alors par les moines guerriers, est fort curieux à visiter à cause des riches collections qu'il renferme : c'est un véritable petit musée de Cluny.

Au point de vue des eaux de Craponne, les droits de Bonneval sont absolument distincts de ceux de la Commune de Charleval.

En 1580, Bertrand de Forbin traite avec l'*Œuvre de Craponne* pour l'arrosage de sa nouvelle seigneurie et obtient le droit de recevoir l'eau au pont de Bonneval « par un trou rond de la grosseur d'une orange, et percé dans une pierre de taille. » Mais à la condition, dit l'acte, « que l'eau ne pourra être prise par ce trou « que lorsque le canal sera dans sa plénitude « et qu'il sera bouché après l'arrosement » (1). De plus, le seigneur de Bonneval était soumis à certaines obligations telles que celles de veiller au bon entretien de la partie du canal traversant ses propriétés, d'en permettre l'agrandissement le cas échéant, sans avoir droit à aucune indemnité. Enfin, il s'engageait à fournir tous les ans « 2 journées de charrettes à « 3 colliers chargées de peupliers et autres

____

(1) Archives de Charleval.

« arbres pour le service du grand canal et de
« sa prise, et de les porter aux lieux indiqués
« par l'Administration de l'Œuvre » (1).

Comme pour Charleval des usurpations et
des abus ne tardèrent pas à se produire.
C'est ainsi qu'en 1625, *l'Œuvre de Craponne*
constate déjà l'existence frauduleuse d'une
martellière au lieu dit : *la Joliette.*

La dernière convention passée entre l'*Œuvre*
et les arrosants donne à ces derniers le droit
de recevoir l'eau par deux espaciers à la charge
pour eux de payer les frais nécessités par l'entretien du canal. La redevance annuelle est de
450 francs.

A un kilomètre et demi à l'Ouest de Charleval, sur le chemin de grande communication n· 4, la route traverse une belle avenue
dont la rectitude et la longueur sollicitent le
regard : c'est celle de Bonneval. A droite, elle
conduit au château, que l'on aperçoit, là-bas,
tout là-bas, dans la lointaine perspective d'une
interminable voûte verte. A gauche, toujours
sur une même ligne, elle va se perdre dans
les jolis et frais ombrages qui précèdent et
cachent si bien la partie du bois si pittoresque-
ment dénommée *Cuou de Péiròu* (1).

---

(2) Archives de Charleval.
(1) *Cuou de Peirôu* (fond de chaudron),

On appelle ainsi un demi-cirque rocheux dont les hautes parois tapissées de lierre et de mousse font songer au grandiose décor de la Fontaine de Vaucluse. L'impression ressentie est d'autant plus vive qu'on arrive dans ce site, d'une façon inattendue, par le brusque détour d'un sentier agréablement ombragé : on dirait un coin des Alpes placé au tournant d'une fraîche oasis. Tirant un très ingénieux parti d'un paysage aussi originalement varié, M. Frédéric Monier, le propriétaire actuel, a fait transformer l'oasis en une suite de jolis et agrestes bosquets, tout en laissant au coin alpestre sa sauvage beauté. De plus, utilisant les nombreuses aspérités de la roche voisine, M. Monier a fait construire un escalier qui, moitié percé dans le roc, moitié suspendu dans le vide, grimpe en colimaçon ou rampe en forme de passerelle jusqu'au sommet du coteau. L'ascension dure au moins dix minutes et la légère sensation de peur qu'on éprouve à se voir ainsi au-dessus d'un abîme, donne un attrait de plus à cette montée aérienne.

En haut, le hardi grimpeur est largement dédommagé des émotions et des difficultés de la route par la beauté du panorama qu'il a sous les yeux. C'est d'abord — en face — la chaîne du Lubéron et toute la série des verdoyants coteaux

aux penchants desquels s'échelonnent ou plutôt
s'accrochent l'ancien et le nouveau Mérindol.
Le Lubéron ne présente aucun sommet culmi-
nant, mais une même et longue ligne vert pâle,
un peu violacée, allant du côté de Pertuis se
confondre avec l'horizon. Il est le fidèle gardien
des plaines du Comtat. Va, semble-t-il dire à la
Durance — que l'on voit couler à ses pieds —
va, si tu le veux, dévaster ta rive gauche, inon-
der la Provence ; ici, tu ne passeras pas. Et
cependant elle a passé, laissant dans les flancs
du colosse de pierre une large blessure, preuve
de sa victoire. Elle a passé, lorsqu'à la suite de
ses érosions successives et dans un dernier as-
saut, elle a, devant Orgon, séparé pour jamais la
chaîne des Alpilles de celle du Lubéron. Beaucoup plus loin — au Nord-Ouest — ces mêmes
Alpilles découpent dans le ciel bleu la fine den-
telure de leurs arêtes gris mauve. A l'Ouest —
à moins de cinq kilomètres, et à 350 mètres
d'altitude — c'est le château et le village du Vernègues suivis du *Puech de Valoni* qui, pareil au
formidable éperon d'un fantastique vaisseau,
semble s'enfoncer dans le territoire d'Alleins.

Voilà pour le cadre ; voyons maintenant le
tableau. Au premier plan — à droite et à gauche — c'est la colline avec sa verte parure, les
frais vallons formés par les dernières pentes des

« Costes. » Les pins y sont abondants et assez vigoureux. Vus de cette hauteur, ils ont l'air de dégringoler les uns sur les autres dans une course folle, pour aller tout en bas, grossir la masse sombre de la forêt. Quoique celle-ci ne s'avance pas profondément dans la plaine, elle déborde néanmoins de toutes parts, tels les derniers remous d'un océan dont les vagues verdâtres viendraient se perdre et mourir dans la vallée. Tout concourt à donner à cette illusion un caractère de vraisemblance : la brise qui passant sur la cîme des arbres y laisse un frisson pareil aux ondulations de la mer ; les vibrations de l'air dans les branchages dont le rythme rappelle celui du murmure des flots. Aussi, la forêt n'est-elle plus une chose inerte, elle emprunte à toutes ces circonstances une allure particulière, une âme mystérieuse qui fait qu'elle frissonne et soupire sous les baisers du zéphir comme l'Océan tressaille et gémit sous l'étreinte de l'ardent aquilon.

Au second plan — à perte de vue — ce sont de vastes vignobles alternant avec des champs cultivés ou de symétriques rangées d'amandiers. Quelques fermes perdues dans la campagne, quelques hameaux isolés piquent leurs notes grises sur toute cette verdure. De même que par intervalles, une traînée blanchâtre :

celle d'une route ; un ruban bleu, celui du canal
de Marseille, viennent agrémenter et souligner
les tons du paysage. Devant soi, la magnifique
allée de Bonneval barre une partie de la plaine
de sa double ligne d'arbres. A droite, un écrase-
ment de maisons signale Charleval; on ne voit
que les toitures et le parc du château, c'est-à-
dire un reflet rougeâtre limité par une épaisse
ligne vert sombre. A gauche, sur le bord sep-
tentrional du canal de Marseille, c'est la ferme
des *Couasses*; (1) puis le hameau de Pont-Royal
sur la grande route ; celui de Cazan, au pied
du Vernègues, la chapelle de Saint-Sympho-
rien. Enfin — tout au Nord et comme fond à ce
joli tableau — la Durance coulant majestueuse-
ment dans son large lit de cailloux. Elle vient
du côté de La Roque et se dirige sur Mallemort — que l'on distingue très bien — pour aller
ensuite, vers Orgon, se perdre dans le lointain.

------

(1) C'était autrefois une des plus importantes magnaneries
de la région : on y faisait annuellement jusqu'à 100 onces de
vers à soie.

CHAPITRE XI

Sainte - Croix

Origine. — Le château. — Le vignoble et les
caves. — Les premiers seigneurs. —
Aperçu généalogique sur la maison de
Maurel-Villeneuve. — Extraits de l'acte
emphytéotique de 1787. — Sous la Révolution. — Les eaux de Craponne. —
Valbonnette.

OMME celui de Bonneval, le domaine
de Sainte-Croix fit d'abord partie de
l'ancien fief de Valbonnette. Il est
situé à l'Est de la commune de Charleval qu'il
limite de celles de La Roque d'Antheron et
de Lambesc. La vigne couvre presque tout son
territoire, notamment la plaine comprise entre
le canal de Craponne et La Royère.

Sainte-Croix, de même que Bonneval, ne présente aucune agglomération rurale; le château et ses dépendances, voilà les seules habitations. Ce château, plus petit, plus rustique dans son ensemble que celui de Bonneval, n'est pourtant pas sans caractère. Il date de la fin du XVIIe siècle et se compose d'un pavillon central dont les ailes relevées à angles droits se terminent par deux bâtiments carrés. Ceux-ci, placés en face l'un de l'autre et parallèlement au pavillon central, sont reliés par un mur couronné de gracieux balustres et percé de la porte d'entrée.

Toutes ces constructions forment un assez grand quadrilatère au milieu duquel se trouve l'ancienne cour d'honneur. Un double escalier latéral recourbé en fer à cheval permet l'accès du pavillon principal. Au-dessous de cet escalier un passage voûté traverse la bâtisse sur une longueur de 15 mètres, faisant communiquer la cour intérieure avec la terrassse située au Nord du château. Un cadran solaire portant la date de 1596, est le seul ornement de la façade. La porte d'entrée est aussi des plus simples, mais on y remarque — à droite et à gauche — deux plates-bandes fleuries s'élevant à 50 centimètres du sol. Il y avait là, autrefois, deux bassins rectangulaires pleins de jolis poissons; la cuvette existe encore, de même que les mascarons par où l'eau jaillissait, mais on a remplacé celle-ci par de la terre et les poissons par des fleurs.

La patine du temps a mis sur tous ces vieux murs une teinte grisâtre qui s'harmonisant avec la simplicité des lignes vient rehausser la sévère beauté de l'édifice. C'est bien là une ancienne demeure seigneuriale, non pas l'antique forteresse féodale avec pont-levis, donjon ou créneaux menaçants, mais le château, plus moderne, des XVI· et XVII· siècles, avec ses sobres embellissements et son confortable.

Vus de loin, château et dépendances offrent l'aspect d'un hameau compact, ou tout au moins d'une vaste exploitation agricole ; et, c'en est une réellement. En temps ordinaire, la population se compose d'une vingtaine d'habitants, mais au mois de septembre, au moment des vendanges, elle augmente considérablement et comprend jusqu'à 200 personnes (1), car le vignoble de Sainte-Croix — le plus important de la région — occupe une superficie de plus de 100 hectares.

Les caves sont des modèles d'installation moderne et peuvent contenir environ 15.000 hectolitres de vin. En dehors d'un matériel

---

(1) Ce supplément de personnel — hommes et femmes — provient en grande partie des communes de Mérindol, Saint-Remy et Châteaurenard. Une grande remise située dans le voisinage du château est aménagée pour recevoir et loger tout ce monde.

perfectionné, on y remarque 18 foudres de 360 hectolitres, 11 cuves bâties, dont la contenance varie entre 625 et 1000 hectolitres, plus un pressoir dont les immenses flancs peuvent recevoir le marc de 1000 hectolitres de vin. L'ancienne salle d'honneur, la chapelle, tous les appartements de plain-pied ont été convertis en caves. Futailles et demi-muids remplacent partout le mobilier ancestral et les foudres dressant jusqu'au plafond leur haute stature, laissent entrevoir — par intervalles — la place où s'accrochaient les portraits de famille. Toute une armée de vignerons circule maintenant là, où les jolies marquises en robes pompadour et leurs galants cavaliers à perruques poudrées dansaient autrefois le menuet. Sous les voûtes de la chapelle, les joyeux propos des accortes villageoises ont succédé aux discrètes confidences des douairières allant à confesse, et, les échos scandalisés, répètent aujourd'hui de bien étranges conversations.

Jadis, une grande terrasse formait le prolongement naturel de la façade septentrionale. Elle s'élevait à environ un mètre du sol et dominait un parc enclos de murailles, suivi lui-même d'une grande prairie terminée du côté de la Royère par une allée de marronniers.

Malgré tous les changements subis par le château de Sainte-Croix, les souvenirs de son ancienne splendeur y sont encore vivants. Ils ont même conservé un charme particulier, un parfum vieillot qui tout en évoquant le passé font une heureuse diversion aux transformations modernes.

Le domaine de Sainte-Croix fut vendu par le duc de Guise à Emeric de Lauris en même temps que le fief de Valbonnette. On a vu dans le chapitre précédent comment les créanciers de Claude et d'Emeric de Lauris se partagèrent la seigneurie de Valbonnette. A la suite de ce démembrement, Sainte-Croix appartint tour à tour au Président de la Roque (M. de Forbin) et au seigneur de Meyrargues ; mais il ne s'agissait que du domaine utile et non de la juridiction seigneuriale puisque, en 1653, Emeric « en « sa qualité de seigneur de Valbonnette, intenta « le retrait féodal en son propre nom sur la « bastide de Sainte-Croix vendue par M. le « Président de La Roque au sieur de Mérar- « gues » (1).

Un peu plus tard, le 6 avril 1666, au moment de son second mariage, Emeric vend définitivement tous ses droits sur la terre de Sainte-

____

(1) Archives du château de Valbonnette. Procès de 1683.

Croix « avec amortissement de la censive à
« laquelle elle estoit sujete au seigneur de
« Valbonnette avec attribution de la haute,
« moyenne et basse justice en faveur du sieur
« de Pontevès » (1). Or « le sieur de Pontevès »
n'était autre que André de Maurel, fils d'Antoine de Maurel, seigneur du Chaffaut, déjà
possesseur de la plus grande partie du fief de
Valbonnette.

Robert de Briançon — parlant des Maurel du
Chaffaut, dit : « La famille de Maurel, de laquelle
« sont les seigneurs du Chaffaut, de Malemois-
« son et de Valbonnette, et aussi les seigneurs
« de Pontevez, etc., est depuis de longues
« années établie dans la ville d'Aix » (2). Le
même auteur ajoute que divers membres de
cette famille s'enrichirent dans le commerce,
ce qui permit à Antoine de Maurel d'acquérir
les seigneuries du Chaffaut (Basses-Alpes), de
Malemoisson et de Valbonnette. Antoine de
Maurel fut Trésorier général de France en 1640,
charge qu'il exerça jusqu'à sa mort. Son fils —
André de Maurel, héritier du fief de Valbonnette — y joignit la terre de Sainte-Croix et,

____

(1) Archives du château de Valbonnette.
Document mis fort aimablement à notre disposition par
M. Léon Roux, régisseur du château.
(2) Ouvrage cité. Tome Ier, page 371.

depuis ce moment jusqu'à la Révolution, les deux domaines ne furent plus séparés.

André de Maurel, né en 1630, fut reçu Conseiller au Parlement de Provence en 1651 et exerça cette charge avec distinction pendant trente ans. De son mariage, en 1647, avec Marguerite de Villeneuve, fille de Gaspard de Mons, il eut Gaspard de Maurel (né en 1650, mort en 1735), le premier à se qualifier de seigneur de Valbonnette et de Sainte-Croix. Plus tard, en 1672, les seigneurs de Maurel du Chaffaut prendront aussi le titre de la terre « de Mons » (1) dans la Viguerie de Draguignan.

Gaspard de Maurel-Villeneuve, Conseiller au Parlement en 1682, épousa Jeanne de Laidet, fille de Pierre, seigneur de Calissanne. Il fut héritier universel de son grand-oncle maternel Antoine de Villeneuve, à la charge pour lui de porter le nom et les armes des Villeneuve.

Cette famille n'a pas seulement brillé dans la magistrature provençale, mais aussi dans l'épiscopat, donnant à l'Eglise trois prélats : Joseph (1658-1717), évêque de St-Paul-Trois-Châteaux ; Joseph Robin (1715-1783), évêque de Viviers ;

____

(1) D'après une quittance signée du Trésorier de la noblesse de Provence, la maison de Maurel ne possédait que la coseigneurie de la terre de Mons (archives du château de Valbonnette).

Etienne (1752-1830), archevêque d'Avignon, pair de France. Elle a également fourni des officiers distingués à notre marine, entre autres Philibert (1755-1829), Chevalier de Malte et de Saint-Louis, contre-amiral de France (1).

Le 18 août 1787, Joseph-Casimir-André-François de Maurel, de Mons, Villeneuve, etc., seigneur de Sainte-Croix (petit-fils de Gaspard), distribue, à titre emphytéotique, une grande partie de cette terre aux nommés : Pierre Bene-fort, André Bernard et Joseph Perrin, de la Roque d'Antheron ; Martin Garoute ; François et Joseph Garoute, Joseph et Jean-Baptiste Villé, d'Alleins, Le village devait s'élever à droite et à gauche de l'allée qui de la grande route vient aboutir au château. Bâties sur un modèle uniforme et d'après un plan tracé, les maisons auraient formé d'elles-mêmes un alignement symétrique. Des espaces vides étaient prévus entre les futures constructions et l'allée du château de façon à permettre la création d'autres rues.

En ses clauses, le bail emphytéotique de Sainte-Croix est absolument différent de celui de Charleval. Ainsi lorsque M. de Cadenet ne

____

(1) Nous devons ces renseignements à M. le comte de Gerin-Ricard, descendant de la famille.

se réservait que huit charges de terres cultivables, M. de Mons en prévoit trente. Le seigneur
de Sainte-Croix compte percevoir la tasque
« de tous les grains, vignes, olives, amandes,
« mûriers, haricots secs, chanvre et tous fruits
« quelconque » (1), le Fondateur de Charleval
en exceptait les légumes. A propos des arrosages, M. de Mons stipule que « pour laquelle
« faculté de passage (des eaux) chaque habitant
« sera obligé de donner au dit seigneur une
« euchène et demie de blé à Notre-Dame-de-
« Septembre » (2). Non seulement M. de Cadenet donnait ce passage gratuitement, mais il
permettait encore aux habitants de se servir des
eaux du *Fuyant du Moulin de la Roque* « en
« tant qu'il peut en avoir le droit et de la
« prendre et faire passer par où il sera plus
« commode, gratis pour toujours et sans inter-
« ruption de la part du dit seigneur. » Pour ce
qui est de la faculté de bûcherage, les emphytéotes de Sainte-Croix doivent payer annuellement « deux émines et demi de blé de cense
« de 1ʳᵉ qualité payables le 1ᵉʳ septembre de
« chaque année » (3). Ceux de Charleval jouis-

____

(1) Acte emphytéotique de Sainte-Croix communiqué par
M. Talon, copropriétaire du château de Sainte-Croix.
(2) Id.
(3) Id.

saient gratuitement de cette faveur. Il faut ajouter cependant, à l'avantage de M. de Mons, qu'il ne prévoit le payement d'aucune pension féodale.

Nous aurions voulu comparer jusqu'au bout les deux actes, mais les éléments de comparaison manquent ou sont insuffisants. C'est ainsi que le bail emphytéotique de Sainte-Croix est muet quant à la surface des terres distribuées aux emphytéotes ; il indique seulement qu'un procès-verbal d'arpentage aura lieu ultérieurement. Quoi qu'il en soit, les habitants de Sainte-Croix, plus heureux que ceux de Charleval qui payaient depuis un demi-siècle, se virent presque tout de suite affranchis de leurs obligations par le décret du 18 décembre 1790, supprimant l'emphytéose perpétuelle. Le village ne fut pas construit.

Sous la Révolution, le territoire de Sainte-Croix fut réuni à la commune de Charleval. Le seigneur étant compris sur la liste des émigrés, le Conseil fit faire des perquisitions au château. On trouva : « sept fusils, savoir 4 « de chasse dont 2 ayant le timon d'argent et « 3 de calibre avec 2 élabardes, avec 4 bayo- « nettes, avec 1 pistollé d'arson » (1).

M. de Mons n'avait pourtant pas quitté le

____

(1) Archives de Charleval — Registre des Délibérations.

pays ; effrayé par les progrès de la Révolution, craignant pour sa vie, il était allé chercher un refuge dans la forêt, sur le revers méridional du plateau de Manivert (1), au lieu dit : les Baumes. Là, un serviteur dévoué venait de temps en temps lui apporter des vivres et lui donner des nouvelles sur la marche des événements (2).

Le domaine de Sainte-Croix « consistant en « terres, parc, jardins, montagne, maison de « maître et de ménage, bergerie, écurie et « basse-cour », fut vendu comme bien national par l'administration centrale du département le 8 thermidor an IV (26 juillet 1796) au sieur Antoine Reyne, de Salon, pour le prix de 70.000 francs (3). Il fut ensuite possédé en co-propriété par MM. Peautrier et Magnan. Ce dernier vendit sa part en 1848 à MM. Mistral frères, de même que M. Peautrier vendit la sienne, en 1851, à M. Pierre Porte, de Charle-val. Enfin, depuis 1890, MM. Mistral frères possèdent la presque totalité de l'ancien terri-toire et le château (moins une dépendance appartenant à M. Talon).

(1) Appelé aussi : plateau de Sainte-Anne-de-Goiron.
(2) Nous tenons ce détail du petit-fils de ce fidèle serviteur.
(3) Archives de la Préfecture. Série Q, reg. 862, f⁰ 89.

Au point de vue des eaux de Craponne les droits de Sainte-Croix sont très obscurs et bien difficiles à définir.

En 1625, le Procureur de l'Œuvre, dans une visite générale, constate la présence clandestine d'un espacier de 9 pouces environ « au-dessous « du pont qui partage le terroir de la Roque et « celui de Ste-Croix-lez-Valbonnette » (1). Mis en demeure de produire une justification, les propriétaires invoquèrent à leur profit le bénéfice de la prescription. L'espacier fut détruit.

Environ un siècle plus tard, M. de Mons de Villeneuve « s'étant permis d'arroser par un « bourneau placé près le pont devant le château » (2), l'Œuvre de Craponne essaya, mais sans y réussir cette fois, d'empêcher la nouvelle usurpation. Le bourneau se transforma successivement en une coupure de six pouces de largeur, puis en un espacier portant deux trous circulaires. D'autres abus furent encore constatés à diverses époques et à différents endroits. En 1832, au moment du procès dont nous parlons plus loin dans le chapitre des canaux, la déperdition d'eau était si importante qu'elle équivalait à la présence de trois espaciers. En

______

(1) Archives de Charleval. Dossier de Craponne.
(2) Id.

somme, les propriétaires de Sainte-Croix arrosaient abondamment et gratuitement leurs terres alors que ceux de Charleval payaient une forte cotisation pour jouir d'un volume moindre.

Aujourd'hui, le domaine de Sainte-Croix reçoit l'eau par deux espaciers, et les divers propriétaires constitués en syndicat paient 1150 fr. à l'Œuvre de Craponne.

Quoique formant un domaine particulier, Sainte-Croix a toujours été considéré comme une dépendance de Valbonnette. Il relevait de la même autorité fiscale, administrative et seigneuriale. Certains actes n'en signalent l'existence que sous le nom de : « *Bastide de* « *Sainte-Croix* au terroir de Valbonnette. » L'histoire de Sainte-Croix jusqu'à la Révolution n'est donc pas autre chose que celle de la partie de Valbonnette possédée par la maison de Mons-Villeneuve.

On a vu comment, après avoir vainement essayé de faire valoir ses droits au comté de Provence, René II se retira en Lorraine. Ses descendants — les ducs de Guise — seigneurs de Lambesc, héritiers du fief de Valbonnette, en aliénèrent, vers la fin du XVI⁰ siècle, une première partie en faveur de la maison d'Arquier, et une autre en faveur de Bertrand de Forbin.

La première forma le domaine de Charleval, la deuxième, celui de Bonneval. Enfin, plus tard, en 1647, Henri de Guise vendit à Emeric de Lauris, tout ce qui restait de Valbonnette, y compris « *La Bastide de Sainte-Croix* » On a vu également, dans le chapitre de Bonneval, de quelle façon les créanciers d'Emeric et de Claude de Lauris se partagèrent *ce qui restait* de Valbonnette et, finalement, à la suite de quelles circonstances MM. du Chaffaut et de Cadenet en restèrent les seuls possesseurs.

Quant à l'importance de Valbonnette sous les ducs de Guise, elle dut être de plus en plus minime. Le procès-verbal d'affouagement de 1540 « reconnaît n'y avoir au dict lieu de Val-« bonnette, aucunes maisons ny habitations « sinon que cinq bastides au terroir dudict lieu « sous la bastide du seigneur qu'est au château « dirrupt où demeure le rentier dudict seigneur. « Lesquelles cinq bastides appartiennent à par-« ticuliers de Lambesc. (1) »

Ainsi moins de cent ans après la suppression de la paroisse, il n'y avait déjà plus ni couvent, ni cité, ni population. D'après un autre procès-verbal d'affouagement — celui de 1698 (2) — le

______

(1) Archives de la Préfecture. Reg. des affouagements.
(2)   Id.   C 126.

territoire de Valbonnette comprenait 258
charges de terre d'une valeur cadastrale de 40
Livres chacune. Il était affouagé pour 1/8° de
feu : soit 68 Liv. 3 sols, 3 deniers et payait
comme impositions provinciales 9 sols 9 deniers
par charge de terre. La dîme était perçue par
les membres du Chapitre de St-Sauveur, à raison du vingtième (?) sur tous les grains, raisins,
agneaux et chevreaux.

Le même document nous apprend en outre
« que les seigneurs qui sont M. le conseiller du
« Chaffaut Maurel, M. le conseiller de Roux-
« Bonneval et M. de Tamerlet possèdent noble-
« ment et francs de taille la plus grande partie des
« biens du terroir sçavoir: le château de Valbon-
« nette et ses dépendances, à M. le conseiller
« du Chaffaud Maurel ; celui de Bonneval, à M.
« le conseiller de Roux ; celui de Charleval au
« dit sieur de Tamerlet, lesquels seigneurs per-
« çoivent le droit de Lods et Trezain de tous
« les transports et vantes à raison de 2 sols par
« florin. Et une censive de 5 Luchènes blé par
« chasque charge (1). » On voit que Sainte-Croix
est considéré comme partie intégrante de Valbonnette, la preuve en est encore dans l'énu-
mération des confronts donnés par le même

____

(1) Archives de la Préfecture. C 126. Affouagement de 1698.

document et qui sont : Au Nord, le *territoire de la Royère* ; au Levant celui de La Roque ; au Midi, celui de Lambesc, et enfin au Couchant, ceux de Mallemort, du Vernègues et de la forêt des Taillades.

Valbonnette formait alors une communauté placée sous l'administration d'un syndic, le sieur de Saint-Estève, également Syndic de La Royère.

L'affouagement de 1728 donne les mêmes confronts. Il reconnaît pour l'ensemble de Valbonnette, l'existence de quatre bastides habitées par six chefs de famille, lesquels « ne sont « sujet envers le seigneur ni à ferme ni à tasque « mais simplement au lod à raison de six, un ». (1) Le procès-verbal d'Allivrement dressé en 1790 est moins général, il s'applique tout particulièrement au fief de *Valbonnette-Sainte-Croix* ayant pour limites les territoires de La Roque, de Lambesc, de Charleval et de La Royère « fossé du moulin de la Roque entre deux » (2) C'est exactement la partie de Valbonnette laissée en toute propriété à M. de Mons de Villeneuve à la suite de la séparation

(1) Archives de la Préfecture. C. 129. Affouagement de 1728.
(2)   Id.   C. 305. Allivrement de 1790.
L'allivrement était la quote-part des impositions supportées par chaque communauté. Ce mot vient de livre (monnaie)

des territoires de Valbonnette et de Charleval faite en 1753 et rendue effective en 1768.

On semait annuellement dans le territoire de Sainte-Croix environ vingt charges de blé, dix de seigle et autant d'avoine. Il y avait peu de vignes, pas beaucoup d'oliviers mais quelques prairies, des amandiers, des mûriers, sans compter les terres gastes et le bois.

Quant à Valbonnette, le même document ajoute que c'était « une vallée cultivée entre 2 coteaux « agrégés de pins de haute futaie et de bois de « chênes-verds ». On y semait annuellement huit charges de blé, six de seigle et deux d'a-voine. Il y avait alors trois fermiers. (1).

D'après une tradition dont il ne nous a pas été donné de vérifier l'exactitude, une galerie souterraine reliait autrefois les châteaux de Valbonnette et de Sainte-Croix. Il nous semble que si une pareille communication secrète eût existé, M. de Mons y aurait trouvé — sous la Révolution — une retraite beaucoup plus sûre que celle des Baumes. L'imagination populaire — avide de surnaturel — s'est toujours plu à créer des légendes sur certains vieux châteaux. Et selon le mystère qui les enveloppait ou l'as-

____

(1) En 1820, la *Statistique des Bouches-du-Rhône* donne pour Valbonnette une population de 25 personnes et mentionne l'existence d'une tuilerie,

pect plus ou moins sinistre des lieux, c'étaient tantôt des apparitions nocturnes, tantôt de grandes oubliettes pleines d'ossements humains. Telle a pu être l'origine d'une pareille tradition, car si le souterrain eût existé les traces en seraient encore visibles aujourd'hui.

Le château de Valbonnette et ses dépendances furent vendus comme biens nationaux, le 8 fructidor an IV (25 août 1796) pour le prix de 66.175 Livres 18 sous 8 deniers « à la citoyenne Aimée-Elisabeth-Marie-Sophie David, épouse divorcée de Maurel « dit Calissanne, émigré » (1).

---

(1) Archives de la Préfecture des Bouches-du-Rhône. Reg. 860, f 53.

Il s'agit de François-Basile-Casimir Maurel-Villeneuve de Mons, Calissanne, né à Aix en 1750 et fils de Joseph-André Maurel-Villeneuve qui. en 1787. disposa d'une partie de la terre de Sainte-Croix en faveur de quelques emphytéotes. Magistrat comme la plupart de ses ancêtres, François de Maurel-Villeneuve exerça avec une rare distinction la charge de Premier avocat du roi au Parlement. Ardent patriote, jaloux des privilèges particuliers au pays de Provence. il ne craignit pas, malgré le caractère officiel de ses fonctions. de s'opposer formellement à l'enregistrement de l'*Edit sur la Nouvelle Organisation Judiciaire*. déclarant « qu'en l'espèce, « ces innovations dépouillaient le Parlement au profit de la « Cour Plénière fondée par l'Edit et que cette mesure était la « violation du traité d'union de la Provence à la France. » H. de Gerin-Ricard. — *Notice sur les Sénéchaussées de Provence* (Mémoires de l'Académie de Vaucluse. année 1889).

Pendant la Révolution, François de Maurel-Villeneuve habita l'Angleterre où il se fit une très belle situation dans le barreau de Londres. Il revint en France sous la Restauration. De son mariage, en 1785, avec Aimée-Elisabeth-Marie-Sophie de Beauregard, il n'eut que des filles dont une — Agathe de Maurel-Villeneuve — épousa Adolphe d'Espagnet.

Ce divorce, on le pense bien, n'avait été consenti que pour permettre à la famille de racheter le bien seigneurial. D'ailleurs, toutes les précautions avaient été prises dans ce but. Mme· de Calissanne n'était pas la première soumissionnaire, quelques habitants de Charleval et de Lambesc avaient déjà fait des offres pour les diverses parties du domaine de Valbonnette. Or, Madame de Calissanne intervenant légalement comme « épouse divorcée » chacun lui céda ses droits, preuve surabondante que tous ces braves gens n'étaient là qu'en qualité de prête-noms et seulement pour le cas où l'intervention des anciens propriétaires n'aurait pu se produire efficacement.

Par l'effet de cette ingénieuse combinaison, Valbonnette, en tant que propriété foncière, demeura dans la famille des Maurel-Villeneuve (continuée par les d'Espagnet) jusqu'en 1900. Il appartient depuis cette époque à M. Gounelle, de Marseille.

CHAPITRE XII

La Royère

Description. — L'ancien fief sous la seigneurie de l'Abbaye de Silvacane et du Chapitre de Saint-Sauveur. — Fondation du hameau. — Extraits de l'Acte Emphytéotique. — Procès-verbaux d'affouagement. — Transaction du 16 mars 1560 entre les habitants de la Royère et ceux de la Roque.— Les eaux d'arrosage. — Syndicat libre et syndicat administratif. — L'île de la Royère. — La Durance et ses inondations. — Organisation du 7ᵉ syndicat des îles de la Durance. — La Digue du Colombier. — Le lit de la Rivière.

E tous les domaines réunis à la Commune de Charleval par l'Arrêté du Directoire Départemental du 14 Juin 1792, celui de La Royère est le seul qui n'ait pas fait partie du fief de Valbonnette.

Le hameau de La Royère (1) se compose de quelques grosses fermes situées à deux kilomètres et demi au Nord de Charleval. On distingue la Haute et la Basse Royère, séparées l'une de l'autre par un espace de deux cents mètres. Sa population totale est d'environ vingt-cinq personnes. La Durance constitue l'extrême limite du hameau, celle de la commune et du département. Ce voisinage à la fois dangereux et bienfaisant explique et résume toute l'histoire de la Royère : une lutte constante des habitants contre les envahissements de la rivière.

Il n'y a pas seulement un demi-siècle que la Durance venait lécher les murs de la Basse-Royère; elle passait alors non loin de la route qui de ce hameau conduit au Colombier (2). La construction de la digue a fait reculer la rivière de 600 mètres au Nord. Cette digue — dont nous parlerons plus loin — a supprimé tout nouveau danger d'un débordement. Elle est située exactement à mi-chemin de la Royère et du Colombier.

___

(1) Ce nom paraît être la corruption de *Rouvière*, lieu planté de chênes (en Provençal : *rouve*). D'ailleurs dans les anciens actes on le trouve toujours écrit avec cette dernière orthographe.

(2) Importante ferme appartenant jadis aux seigneurs de Cadenet-Charleval.

Le domaine de la Royère appartint à l'abbaye de Silvacane qui l'avait acquis, en 1248, de Raymond de St-Georges (1). D'autre part, un accord survenu en 1282 « entre le monastère de « Silvacane et la communauté de Puget au su- « jet du pâturage de la Rouvière » (2) fait supposer que cette dernière communauté avait des droits sur la Royère ou tout au moins sur une partie de son territoire : les îles de la Durance. Plus tard, en 1440 et à la chute de Silvacane, La Royère passa sous la seigneurie du Chapitre de St-Sauveur, héritier des biens de la célèbre abbaye. C'est l'économe du Chapitre qui jusqu'à la Révolution prêtera l'hommage pour ce fief.

En tant que nouveau propriétaire, le Chapitre de St-Sauveur voulut signer avec l'évêque de Marseille, alors seigneur de Valbonnette, une transaction à la suite de laquelle les limites, assez vagues de chacun des territoires voisins, furent formellement désignées par « le plante- « ment des termes pour faire la séparation ».

Jusqu'à ce moment l'importance de La Ro-

----

(1) *Histoire de Silvacane*. — Ouvrage cité, page 153.

(2) Archives de la Préfecture. — Fonds Ecclésiastique, pièce 192 de l'*Inventaire Analytique* dressé par le comte de Grasset.

(3) Transaction du 8 juin 1471. — Notaire Bérenguier-Gagely à Lambesc.

yère n'avait pas été bien grande ; les moines de Silvacane venaient à certaines époques de l'année s'y livrer aux principaux travaux de l'agriculture et c'était tout. De population, il n'y en avait point, la main-d'œuvre étant fournie par les habitants de La Roque (1). Déjà depuis quelque temps, le sol complètement abandonné à lui-même, était redevenu aride et — à la chute de l'ancienne Abbaye — ce n'était plus qu'une vaste lande, une grève aride sans cesse envahie par les eaux de la Durance.

Les membres du Chapitre essayèrent de mettre en valeur les terrains délaissés. Toutes les tentatives faites dans ce but ayant échoué, ils résolurent de partager ce territoire entre les cultivateurs chargés de le défricher. L'acte de cession est du 1ᵉʳ février 1513 (notaire Béraud à Aix). Il obligeait les dits cultivateurs à construire dix bastides, à venir les habiter avec leurs familles et à payer au Chapitre de St-Sauveur certaines redevances annuelles et perpétuelles.

______

(1) La Roque n'était alors qu'une agglomération de maisons groupées autour de l'abbaye de Silvacane. Le Parlement d'Aix en ayant ordonné la destruction, lors des guerres de Religion, les habitants vinrent fonder le village actuel qu'ils appelèrent — d'après la *Statistique des Bouches-du-Rhône* — « d'Ante-Rougno », c'est-à-dire : en face, contre Rognes, dont il n'est séparé que par une colline. L'église paroissiale ne fut construite qu'en 1740 et jusqu'à cette date c'est l'ancienne chapelle de l'abbaye qui en tint lieu.

Cinq bastides seulement furent construites.

Un nouvel accord intervint le 27 avril 1517 entre le Chapitre et les habitants (notaire Boniface Boretti à Aix). Cet accord, connu sous le nom de *Transaction de* 1517, constitue l'acte de fondation du hameau de La Royère. « Le dit Chapitre — y est-il dit — baille à nouveau « bail comme seigneur de la Royère à Pierre « Mérindol et à Jacques Borgarel, tant en leurs « noms qu'aux noms de Guillen Alinvoli, Guil-« len Arquier (1), Louis Arquier et Pierre Bor-« garel frères pour une cinquième partie et à « chacun des autres pour une autre cinquième « partie le terroir de la Royère avec les terres « des châteaux du Puget et de Lauris, la Du-« rance au milieu, terroir de Valbonnette, de « Silvacane et de La Roque se retenant le dit « chapitre la directe et le septain des fruits « pour la tasque, le quinzain pour le disme et « que les dits habitants seront tenus de faire au « moins cinq maisons et pour chaque maison « payeront 3 sols tous les ans et pour le four-« nage 3 émines blé (2) se réservant le dit Cha-

---

(1) Les noms de *Borgarel* et *Arquier* se retrouvent dans la désignation des quartiers de Charleval appelés aujourd'hui : *les Bourgarelles, les Arquières.* Pour ce qui est des *Arquiè-res,* il faut peut-être chercher l'origine de ce nom dans celui des Arquier, premiers seigneurs de Charleval.

(2) Par an et par bastide (archives de la Préfecture, C 126).

« pitre, la juridiction mère et mixte impère, ré-
« gales, vasselages et autres droits seigneuriaux
« excepté les terres gastes qui sont des habi-
« tants aussi aux isles de la Durance si aucune
« y en a, et seront tenus faire fouler les blés
« des terres du dit Chapitre payant la *Caucadu-*
« *re* et autres charges, censes, services, etc. » (1)

Les îles ne donnèrent lieu à aucun partage,
mais elles devinrent la propriété de la collectivité sans qu'il fût possible aux habitants d'en
aliéner la moindre parcelle. Ces îles étaient fort
nombreuses et représentaient une assez grande
surface, car si l'on se base sur les confronts
donnés par l'acte emphytéotique du 27 avril
1517, elles occupaient la partie de la Durance
comprise entre Silvacane et Mallemort (2).

A une nature essentiellement rebelle, à un
sol ingrat, il fallait opposer une organisation
particulière ; les nouveaux emphytéotes mirent
à défendre leur propre bien beaucoup plus d'ardeur qu'ils n'en avaient mis à défendre celui
du Chapitre. Sous leurs efforts opiniâtres, la
Durance recula sa rive gauche et le bénéfice
des terres ainsi conquises vint stimuler le zèle

---

(1) Copie de la Transaction (archives de Charleval et de la
Préfecture).
(2) Archives de Charleval. Dossier des arrosants de la Royère.

des colons. Telle est l'origine du hameau de
La Royère,

Avant d'être réuni à la commune de Charleval, sous la Révolution, le fief de La Royère
était compris dans l'affouagement de la viguerie d'Aix. D'après le cadastre dressé en 1666 sa
superficie comportait 194 charges (1), 6 émines
de terre représentant une valeur foncière de
9.730 Livres. Le taux de son affouagement (2)
était de 1/8ᵉ de feu, soit : 68 Livres 3 sols 3 deniers (3). Il dépendait alors de la paroisse de La
Roque et était administré par un syndic qui le
plus souvent était en même temps celui de Valbonnette.

Le procès-verbal d'affouagement de 1698
reconnaît pour La Royère, l'existence de
« diverses bastides toutes de terres labourables. » Quant au nombre d'habitants, rien ne
l'indique. Celui de 1728 est cependant un peu
plus précis ; il accuse pour La Royère : quatre

---

(1) La charge variait selon les régions : à Lambesc elle
valait 200ᵘ cannes carrées ou 79 ares.

(2) L'*Affouagement* était le recensement cadastral des biens
roturiers. Le *feu* était le taux sur lequel *l'Assemblée générale
des Communautés* tenue tous les ans à Lambesc, fixait l'imposition La répartition se faisait ensuite dans chaque communauté, d'après les indications du cadastre, c'est-à-dire en tenant
compte du nombre des habitants et de la fortune immobilière
du pays.

(3) Archives de la préfecture, C 126.

bastides habitées par cinq chefs de famille. (1)

Comme on le voit, le hameau de La Royère n'avait guère prospéré depuis sa fondation. La cause en était surtout dans la fréquence des inondations. A plusieurs reprises déjà, les habitants avaient fait entendre leurs plaintes à ce sujet. En 1698, à propos de l'affouagement, ils demandèrent à *l'Assemblée Générale des Communautés* la faveur de ne plus être affouagés, prétextant que leur territoire était trop voisin de la Durance « laquelle ravage le plus souvent « quantité d'iceluy et par succession de temps, « c'est sans doute qu'il l'emportera tout, et par « conséquent quand la dite Rivière aura emporté « le dit terroir ou partie d'iceluy on ne fera pas « pour cela un nouveau affouagement, d'ail- « leurs on vous représente qu'on n'y peut nour- « rir aucun petit bétail pour autant qu'étant un « pays bas et proche la dite rivière il est « sujet à tout moment à bruime et temps « nébuleux que icelle rivière attire, qui gas- « tent et causent l'entière mortalité d'iceluy « et la moitié du même territoire n'est propre « qu'à y semer du seigle (2) » On y récoltait aussi de l'avoine et « quelque peu de bled. » Le

(1) Archives de la Préfecture. Affouagements.
(2) Id.

même document ajoute que le lieu est si mal-
sain « qu'on a peine de trouver des rentiers et
« des personnes pour le cultiver et où personne
« ne veut aller habiter. » Cette juste réclamation
ne fut pas écoutée.

Le procès-verbal d'affouagement de 1728 signale lui-même ce déplorable état de choses.
« La Durance—dit-il en parlant de La Royère—
« borne le terroir au septantrion et lui emporte
« quantité de terrain et est en estat de lui en
« emporter davantage sy lon ny fait des opéra-
« tions qui couteront beaucoup de dépense (1). »

Ce n'est pas que les *Etats de Provence* et plus
tard les *Assemblées Générales des Communautés* ne voulussent rien entreprendre pour
mettre un terme à cette situation. Au contraire
leur sollicitude pour les habitants des régions
riveraines de la Durance, ne fut jamais en défaut, mais on manquait de moyens d'action et
les ouvrages de défense hâtivement ou impar-
faitement construits étaient toujours insuffisants (2).

Alors qu'ils avaient tant à faire pour se pré-
server des eaux dans la partie septentrionale

____

(1) Archives de la Préfecture, C. 129
(2) Dans ce cas la dépense incombait : un tiers à la Province, un autre tiers au Roi et le reste à la Communauté
intéressée.

de leur territoire, les habitants de la Royère en étaient presque dépourvus pour l'arrosage des terrains exposés au Midi. Telle est la raison pour laquelle ils passèrent avec la communauté de La Roque d'Anthéron, la transaction du 16 mars 1560 dont nous donnons les principaux extraits dans notre chapitre des Canaux. Ce contrat consenti moyennant une pension annuelle de 50 florins imposait aux nouveaux bénéficiaires l'entretien et le recurage du fossé amenant les *Eaux du Fuyant du Moulin de la Roque* dans les terres de La Royère. C'est pour l'inobservation de cette obligation que les habitants de La Royère se virent contraints en 1705, de soutenir contre ceux de La Roque un procès qui se termina le 19 avril 1707 par une transaction (Guyon, notaire à Aix) à la suite de laquelle « les propriétaires de La Royère re-« connurent qu'ils étaient tenus au recurage du « tel fossé (1). »

D'autres contestations de nature plus ou moins différentes, mais toujours à propos de l'arrosage, s'élevèrent à diverses époques; elles naissaient surtout du défaut d'entente parmi les habitants de La Royère et de l'absence de

---

(1) Archives de la Préfecture. Dossier des arrosants de Charleval (7ᵉ Syndicat des Iles de la Durance).

toute direction dans la distribution des eaux. Pour remédier à cette situation et régulariser le service des irrigations, les arrosants de La Royère réunis le 25 août 1841, sous la présidence du maire de Charleval, se constituèrent en syndicat. On élabora un règlement et trois syndics provisoires furent nommés pour veiller à sa rigoureuse application.

La nouvelle Association fonctionna d'abord très bien. La distribution des eaux organisée sur de nouvelles bases répondait à tous les besoins et les réparations, faites aux frais de la collectivité, avaient lieu régulièrement et aux époques fixées. Mais des difficultés, d'ordre financier, surgirent bientôt qui vinrent entraver la bonne marche du syndicat, paralyser son essor et nécessiter la transformation du *Syndicat Libre* en *Syndicat Administratif.* L'autorisation préfectorale fut accordée le 8 décembre 1864, et — sous la surveillance et le contrôle de l'Etat — l'Association redevint prospère.

En face le hameau de La Royère, on remarque sur la Durance, une île couverte de tamaris, de saules et d'oseraies : c'est celle de la Royère, une des îles les plus importantes de la rivière. Autrefois, la végétation y était encore plus abondante et vigoureuse. C'était une véritable petite forêt qui — au moment des grandes crues — présentait un sérieux obstacle à l'envahissement des eaux. D'après la *Statistique des Bouches-du-Rhône* (1) le droit d'usage (2) exercé immodérement aurait — en ruinant ce bois — facilité les irruptions de la Durance. Pour mettre un terme à ces abus, le Conseil de Préfecture déclara cette île « propriété de l'Etat » tout en maintenant aux habitants de « La Royère le droit de bûcherage, mais sous la surveillance de l'agent forestier (3). »

Pendant longtemps la Durance fut un danger pour la Basse-Provence ; une menace continuelle pour les populations riveraines. Que de fois dans le cours des siècles, elle est venue dévaster sa rive gauche, laissant partout la ruine sur son passage ! La cause, nul ne la connaît. D'aucuns la placent dans le déboisement des régions montagneuses ; d'autres dans l'impétuosité de la rivière au moment de la fonte des neiges, ou bien l'extrême largeur de son lit, son peu de profondeur.

Quelle que soit la cause, les effets ne furent que trop souvent funestes à nos malheureu-

---

(1) Villeneuve. *Statistique des Bouches-du-Rhône.* Tome IV, page 136.

(2) Celui d'enlever les bois morts, d'élaguer les arbrisseaux et de couper du bois pour la confection des instruments aratoires.

(3) *Statistique des Bouches-du-Rhône.* Tome II, page 943.

ses régions. Sans parler de la grande inondation de 1651, dite l'*Année du déluge* et au cours
de laquelle la Durance remonta jusqu'à la ville
d'Avignon, il faut citer parmi celles dont les
ravages se firent le plus cruellement sentir dans
notre département, l'inondation occasionnée
par la grande crue de 1843. La Durance sortant
de son lit et brisant tout obstacle s'avança tellement dans les terres qu'elle menaça même
le village de Charleval. Le hameau de La Royère, entièrement submergé, demeura plusieurs
jours isolé de toute communication. Dans la
commune de Mallemort, au hameau de Bramejan, une importante ferme fut emportée par
la violence des eaux; bestiaux, meubles, linge,
instruments aratoires, tout fut perdu. Fort
heureusement on n'eut à regretter aucune vie
humaine, mais la plupart des cultivateurs habitant les communes riveraines se trouvèrent
plus ou moins ruinés.

Le Gouvernement, justement ému des tristes
conséquences d'un pareil désastre et pour en
éviter le retour, confia le soin aux pouvoirs
publics d'étudier un système d'endiguement
propre à retenir la Durance dans son lit au
moment des grandes crues. Divers projets furent présentés, soit par des compagnies, soit par
des spéculateurs particuliers : aucun ne fut ac-

cepté. Le grand écueil consistait à ne pas pro-
téger une commune au détriment de celle d'en-
face ou d'à côté, Quant à la protection perma-
nente des deux rives par une suite de digues
parallèlement opposées, il ne fallait pas y songer non plus, à cause de l'importance des travaux à exécuter, surtout dans l'incertitude où
l'on était d'obtenir un bon résultat, étant donnée la grande quantité de cailloux charriés
par la Durance.

Devant les nombreuses difficultés ainsi soulevées, le gouvernement — refusant le concours
de l'initiative privée — décida que les populations riveraines « avaient un intérêt tellement
« immédiat à l'accomplissement de cette œuvre
« qu'on ne pouvait en confier la réalisation à
« de meilleures mains (1). » Pour cela on divi-
sa, dans le département, les propriétaires riverains en quatorze associations ou syndicats
dont sept dans l'arrondissement d'Aix. Ceux de
La Royère formèrent le *Syndicat n· 7 des Iles
de la Durance*, avec Charleval comme chef-
lieu. Voici, in-extenso, l'Arrêté Préfectoral
portant organisation de ce Syndicat :

------

(1) Archives de la Préfecture. Dossier du 7e Syndicat des
Iles de la Durance.

« Nous Préfet des Bouches du Rhône, vu l'Arrêté
« du Président du Conseil chargé du pouvoir exécutif
« en date du 4 août 1848, contenant règlement d'Ad-
« ministration publique pour l'association des pro-
« priétaires intéressés aux travaux de défense contre la
« Durance, entre la ligne divisoire des communes de
« la Roque d'Antheron et de Charleval et la limite de
« l'arrondissement entre les communes de Charleval
« et de Mallemort, sous le titre de Syndicat N· 7
« de la Durance. »

     « Arrêtons :

« *Article 1*. — Sont nommés membres du 7· Syndi-
« cat de la Durance dont le chef-lieu est à Charleval :
    « MM· Joseph Ricard, Directeur
    «   N. E. F. Philip, propriétaire, adjoint au
                 Directeur
    «   J. Jᷠᷠ͟ Ginoux, A. Lati et Louis Gauthier,
                 propriétaires, syndics.
    « *Article II*.— Sont nommés membres suppléants
« du même Syndicat :
    « MM. Symphorien Roche, Alexis Bonifay, J. B.
                 Durand, propriétaires.
    « *Article III*. — Le Syndicat sera renouvelé par
« cinquième tous les ans. Lors des 4 premières années,
« les membres à remplacer seront désignés par le
« sort; ils seront rééligibles.

          Marseille, le 10 novembre 1848.

Le premier acte des syndics fut de faire limiter exactement la surface du territoire placé
sous leur administration et d'en classer les
terrains. Après avoir hésité un moment de pren-

dre le canal de Craponne comme limite méridionale des terres appartenant aux syndiqués, on
adopta une ligne de séparation qui — partant
du château de Bonneval et passant par les
Chaffards et Grange-Neuve allait aboutir au
chemin vicinal de Mallemort à La Roque,
pour ensuite se diriger sur cette dernière localité en traversant les terres de Sainte-Croix. La
superficie englobée ne comprenait pas moins
de 624 hectares formant — du Nord au Midi —
cinq zones numérotées de 1 à 5 et pour chacune desquelles le chiffre de la cotisation à
payer diminuait selon que ces zones s'éloi-
gnaient de la rivière, c'est-à-dire du danger
immédiat.

Or, à la suite de cette combinaison, les habitants de La Royère, propriétaires des îles sur
la Durance — et par cela même plus directement exposés — se trouvèrent avoir à payer le
55 pour cent des perceptions totales. C'était là
une lourde charge et pour s'y soustraire, ils dé-
cidèrent d'abandonner au syndicat la propriété
des îles (1). Il en résulta immédiatement pour
eux une diminution de taxe, la somme déduite
étant proportionnellement répartie sur les propriétaires compris dans les autres zones.

____

(1) L'acte de cession fut passé le 16 août 1857, eu l'étude de
Me Roux, notaire à La Roque d'Antheron.

Ces modifications apportées dans son organisation, le Syndicat fit construire la grande digue du Colombier. Les travaux commencés en 1857, durèrent environ un an. La dépense s'éleva à la somme de 110 000 francs au payement de laquelle le Gouvernement et le Département contribuèrent par des subventions. Cette digue, d'une longueur de plus de 600 mètres, prend naissance entre le hameau de La Royère et la ferme du Colombier. Elle est en maçonnerie et affecte la forme d'un remblai dont la largeur à la base serait de huit mètres, la hauteur de dix mètres, pour une largeur de trois mètres à la partie supérieure permettant le passage aux piétons. Vers la Durance, la digue décrit une légère courbe, puis se partageant brusquement à angles droits, elle s'étend à droite et à gauche sur une longueur de 40 mètres. Toute cette partie de la digue, en contact permanent avec la rivière, est renforcée par des ouvrages en béton s'appuyant sur de gros blocs de pierre. L'ensemble des travaux constitue un tel obstacle que le danger d'un nouveau débordement est rendu presque impossible.

L'incontestable utilité de cet ouvrage défensif fut bientôt démontrée à l'avantage même de l'administration du Syndicat. La Durance désormais refoulée dans son lit naturel, toutes les îles formées par elle dans l'intérieur des terres et nouvellement acquises par le syndicat, adhérèrent bientôt les unes aux autres, formant un prolongement de territoire d'une superficie d'environ 200 hectares. Par la suite, ces terres devinrent très fertiles et lorsque, en 1880, le Syndicat les revendit (1) le bénéfice provenant de la plus-value des terrains permit la constitution immédiate d'un important fonds de réserve.

La Durance — nous l'avons dit — limite la commune et le département. Sa largeur entre la Royère et le hameau des Borys (2) (Vaucluse) est de plus d'un kilomètre. A la belle saison, un tiers seulement est occupé par les eaux : c'est la branche-mère ; le reste, sauf au moment des crues, présente l'aspect d'un long champ pierreux, un peu boueux, tantôt complètement à sec, tantôt arrosé par de minces filets d'eau. Quelques îles absolument incultes, quelques mares, coupent la monotonie de cette petite Crau.

Ces pierres, arrondies par le frottement mu-

(1) Le plan de morcellement des terrains fut dressé par l'agent voyer cantonal et les lots vendus aux enchères publiques par devant notaire. Beaucoup furent rachetés par leurs anciens propriétaires.
(2) Borys, grottes, masures.

tuel et continu, sont une des curiosités de
la Durance. Il y en a de toutes les formes, de
toutes les variétés, unis, granuleux, scorifiés,
schisteux, pustuleux, rubanés, prismés, mar-
brés, etc. ; de toutes les couleurs et de
toutes les compositions : galets de quartz,
de roches granitiques ou empâtées, résidus
de volcans éteints, etc. On y remarque
de beaux spécimens de feldspaths, d'amygdaloïdes, de variolites, de quartz de toutes
les espèces et jusqu'à des débris de polypiers(1).

Les habitants de Charleval ont une façon
originale d'utiliser ces cailloux ; après en avoir
choisi quelques-uns de moyenne grandeur et
bien unis, ils ont coutume — l'hiver à la veil-
lée — de les placer près du feu pour s'en servir ensuite de chauffe-lits : On appelle cela :
un *Frejau.*

---

(1) Nous possédons plusieurs échantillons de ces galets,
principalement des variolites et amygdaloïdes que l'on trouve
en grande quantité vers La Royère.

CHAPITRE XIII

Les Canaux

Canal de Craponne. — Canal de Marseille. — Canal du Fuyant des Eaux du Moulin de la Roque.

ROIS canaux traversent la commune de Charleval : ceux de Craponne et de Marseille, celui des Eaux du Fuyant du Moulin de La Roque.

Canal de Craponne

Adam de Craponne et son Canal. — La Société dite de l'Œuvre de Craponne et les propriétaires riverains. — Transaction du 10 août 1750. — Les abus. — Enquête préfectorale de 1818. — Réglementation actuelle.

Lorsqu'il entreprit la construction du canal qui devait rendre son nom célèbre, Adam de Craponne eut le tort de ne pas en assurer les dépenses par une combinaison financière.

Ses ressources personnelles épuisées, il dut emprunter à des conditions tellement désavantageuses qu'il se vit bientôt dans la dure alternative ou de ne pas achever son œuvre ou d'en faire l'abandon à ses créanciers. Il prit ce dernier parti, et l'acte du 20 octobre 1571, qui sanctionne cette décision forme la première constitution de l'acienne société dite : *l'Œuvre de Craponne*. C'est ainsi que cet homme de génie fut dépossédé du fruit de son labeur car, s'il eut la gloire de mener son entreprise à bonne fin, d'autres en récoltèrent les bénéfices.

La nouvelle Société se composa donc, au début, des anciens créanciers d'Adam de Craponne. Elle fonctionna d'abord très bien, mais, petit à petit, des usurpations se produisirent dans les communes supérieures et en si grand nombre qu'elles finirent par avoir une influence sur la pénurie des eaux dont se plaignaient à cette époque les communes inférieures surtout celles qui jouissaient d'un droit de *préférence* (1). La compagnie, impuissante à réagir

---

(1) Les Communes jouissant d'un droit de *préférence* étaient celles qui, ayant traité dès le début avec Adam de Craponne, avaient le droit d'être servies avant les autres dans la distribution des eaux. C'est-à-dire que la Commune la première en *préférence* quelle que fût sa position topographique, devait avoir toute l'eau du canal dans le cas où il n'y aurait coulé que la quantité à elle accordée. Des ouvertures, plus ou moins rapprochées du fond selon le degré de *préférence* des Communes garantissaient ce droit.

contre ces abus, essaya d'abord de rétablir l'équilibre en augmentant le débit primitif. Mais de nouvelles usurpations se produisirent et le volume d'eau fut encore une fois insuffisant. C'est alors que la compagnie entreprit la longue série des enquêtes, procès et transactions qui devait durer jusqu'à nos jours.

Quelle est maintenant la situation de Charleval par rapport à *l'Œuvre de Craponne* ?

Suivant la transaction du 10 août 1750 (notaire Raynaud, de Salon), il est permis à M. de Charleval ainsi qu'aux habitants « d'arro-
« ser leurs terres par deux espaciers ou prises,
« depuis le 1er avril jusqu'au 30 septembre de
« chaque année, l'un appelé « *de Reynaud* »
« qui est du côté du canal, doit avoir 8 pouces
« de hauteur sur 5 pouces de largeur, et l'autre
« dit « *de Chaffard* » qui servait déjà à ce der-
« nier par la concession du 26 septembre 1746,
« au couchant par le pont de Chaffard, doit
« avoir 8 pouces de diamètre. »

« Ces 2 espaciers doivent être fermés à clef
« toutes les fois que les eaux ne seront point
« nécessaires à l'arrosement, et d'une manière
« fixe, depuis le 1er octobre jusqu'au 30 mars, »

« Leur entretien est à la charge de la com-
« mune représentant quant à ce, M. de Char-
« leval suivant la dite transaction du 10 août

« 1750 et la Délibération de l'Œuvre Géné-
« rale de Craponne du 15 avril 1751 » (1).

La cotisation annuelle s'élevait à quarante écus fictifs. C'est-à-dire que la valeur de l'écu de six livres variait selon le plus ou moins de dépenses nécessitées par l'entretien du canal. Ainsi, lorsque l'écu fictif valait dix livres, la Communauté payait quatre cents Livres. L'écu fictif valut jusqu'à quinze Livres.

Par la même transaction du 10 août 1750, M. de Cadenet obtenait la permission de construire un moulin à farine sur la rive gauche du canal et l'autorisation de l'actionner au moyen d'une martellière. Voilà le droit.

Voyons l'abus. Charleval, comme d'ailleurs la plupart des communes riveraines du Canal, ne se contenta pas du volume d'eau accordé. Il résulte du rapport présenté le 20 août 1823. par la commission nommée par le Préfet en 1818 « qu'il existait sur le Canal, « au territoire de Charleval (2), deux martel-« lières, l'une dite « *de Reynaud* » portant « un trou carré de 14 pouces et demi de haut « teur sur 9 pouces de large et l'autre dite

----

(1) Archives de Charleval.
(2) Il ne s'agit que de Charleval et non des domaines de Bonneval et Sainte-Croix dont nous avons parlé dans les chapitres précédents.

« *de Chaffard* » ayant 2 orifices de 4 pouces
« de diamètre chaque, dégarnies d'espaciers et
« de serrures. Qu'un tuyau en pierre, de 7
« pouces de diamètre était placé près des
« vannes du moulin à farine. servant à l'arro-
« sement des propriétés de M. le Marquis (1) de
« Charleval, situées au Levant du trou du châ-
« teau ; que 6 coupures dont 2 à gauche et
« 4 à droite avaient été pratiquées le long du
« canal depuis la martellière de » *Reynaud* »
« jusqu'à celle de « *Chaffard* » : les 4 à droite
« servant à l'arrosement des propriétés de M.
« le Marquis de Charleval, au Levant de son
« château dont le terrain ne peut s'arroser par
« les martellières de « *Reynaud* » (2) les 2 à
« gauche sont des usurpations »

Le territoire de Charleval recevait donc à
cette date. soit par l'agrandissement des martellières ou espaciers, soit par l'inobservation
du règlement sur les heures d'ouverture des
ouvrages. soit par des coupures. une quantité
d'eau supérieure du double à la concession primitive.

---

(1) C'est la deuxième fois que le seigneur de Charleval est
qualifié de : «Marquis» (Voir page 156). Jusqu'au commencement du XIX⁰ siècle les documents consultés n'avaient
mentionné aucun titre, si ce n'est une fois celui de chevalier.
(2) Archives de Charleval. Dossier des Arrosants.

Les arrosants de Charleval par l'organe de leur syndic reconnaissaient tous les faits exacts, invoquant seulement en leur faveur le bénéfice de la prescription « *Tantum prescriptum quantum possessum* ». L'argument était assez adroit attendu que le canal étant une propriété privée susceptible de se modifier, on pouvait très bien lui appliquer la règle du Droit commun en ce qui concerne la prescription.

L'Œuvre de Craponne porta l'affaire devant les tribunaux. Elle demandait la destruction des ouvrages non autorisés ainsi qu'une nouvelle réglementation étant donnée l'incorpartion, à la commune de Charleval, des territoires de Bonneval et de Sainte-Croix. C'était mettre en cause la Municipalité au lieu et place des syndicats d'arrosants. Le Conseil, réuni en séance le 1er mars 1832, protesta énergiquement, se prévalant de l'absence de toute transaction engageant la Commune elle-même. Pleine satisfaction dut lui être accordée puisque les rapports entre la Compagnie de Craponne et les syndicats d'Arrosants de Charleval, Sainte-Croix et Bonneval sont aujourd'hui réglés par autant de conventions particulières auxquelles la Municipalité demeure étrangère.

En plus des deux espaciers dont il est parlé plus haut, et pour la jouissance desquels l'ancienne réglementation en écus fictifs s'est transformée en une redevance annuelle de dix-huit cents francs, les « *Arrosants de Charleval* » (1) possèdent deux autres espaciers. Cette nouvelle concession date de 1880-1881 et fut accordée par *l'Œuvre* moyennant une autre redevance annuelle de quatre mille francs. Vers la même époque on agita la question du rachat du Canal de Craponne par l'Etat. Le Conseil Municipal de Charleval émit un vœu favorable à ce rachat, mais le projet n'eut pas de suite.

En somme, Charleval — proprement dit — paye actuellement une taxe totale de cinq mille huit cents francs par an, sans compter les frais dont le montant s'élève à quatre mille francs devant se répartir entre les trois syndicats d'arrosants, c'est-à-dire ceux de Charleval, de Bonneval et de Sainte-Croix.

Le Canal de Craponne arrose près du tiers de la Commune de Charleval, soit environ cinq cents hectares.

---

(1) Il ne s'agit toujours que du syndicat même de Charleval et non de ceux de Sainte-Croix et de Bonneval.

Canal de Marseille

Ancienneté du projet. — Son exécution. — Difficultés survenues entre Marseille et Charleval. — Accord définitif. — Concession actuelle.

Le projet de faire dériver une partie des eaux de la Durance pour les amener à Marseille n'était pas nouveau, Adam de Craponne en avait déjà conçu la pensée (1). Plus tard, en 1642, Floquet (2) après avoir dressé les plans d'un canal de flottaison et d'arrosage entre Cante-Perdrix et Marseille, en avait même commencé les travaux. L'honneur de cette grande entreprise était réservé à la ville de Marseille, et la gloire de son exécution à M. de Montricher. En principe, le Conseil général et le gouvernement devaient participer pour un tiers à la dépense, mais à la suite d'un défaut d'entente, la Municipalité marseillaise, dans sa séance du 24 mars 1836, prit la décision de construire le canal avec ses seules ressources.

---

(1) Il avait eu aussi l'idée du canal interrocéanien exécuté par Riquet.

(2) Architecte hydraulique, né à Cadenet. « Son canal de « Marseille n'a point été poursuivi, Richelieu ayant refusé de « fournir les fonds nécessaires ainsi qu'il l'avait promis. Floquet, ayant reproché au ministre son manque de foi fut en« fermé à la Bastille où il mourut de chagrin ». Charles Roland — *Cadenet Historique et Pittoresque* — Page 151.

Les travaux durèrent dix ans et l'inauguration officielle eut lieu le 18 novembre 1849.

Comme celui de Craponne, le canal de Marseille se trouva bientôt insuffisant devant les besoins nouveaux. Son débit, primitivement fixé à six mètres cubes à la seconde, dut être progressivement augmenté ; il est aujourd'hui de douze mètres cubes, environ.

Le Canal de Marseille coule à 700 mètres au Sud de Charleval. Il pénètre dans la commune par le magnifique aqueduc de Valbonnette (1), traverse la lisière de la forêt à l'endroit nommé *Les Premiers Pins*, pour se diriger sur Lambesc en suivant à peu près parallèlement le chemin vicinal dit : « de Pélissanne ».

Dès qu'on eut commencé l'exécution des travaux sur son territoire, la Commune de Charleval fit entendre ses protestations. Elles devaient durer quarante ans.

Ces réclamations étaient de trois sortes : 1° La Commune se prétendait lésée dans son droit de coupes et de pâturage : 2° Elle demandait la réparation et la mise en état de viabilité de « *l'Allée du Bois* » très endommagée à la suite

---

(1) Il se compose de onze arches ayant chacune six mètres d'ouverture. Commencé en 1841, il fut terminé en 1842 et coûta exactement 26.777 fr. 27. (Archives municipales de Marseille. Rapport sur le canal de Marseille, tome I, page 20).

des travaux nécessités par la construction du canal ; 3° elle considérait la nouvelle rampe imposée à la route comme dangereuse et impraticable au charroi ; c'était le principal grief.

Pour montrer le bien fondé de cette dernière réclamation, il est utile de donner au lecteur quelques explications.

L'ancien chemin de Lambesc, appelé aussi « *Chemin de Pélissanne* », comportait en haut de l'*Allée du Bois*, une rampe d'environ quatre à cinq centimètres. Or, pour conserver au canal l'inclinaison nécessaire, on exhaussa les terrains par une levée de 140 mètres, ce qui fit remonter la pente à 0 m. 11 cent. et la rendit pour ainsi dire impraticable aux voitures, tant elle était rapide.

En 1849, la ville de Marseille chargea M. de Montricher d'obvier à cet inconvénient. L'habile ingénieur se rendit sur les lieux, dressa des plans et proposa d'atténuer la pente en donnant à la route une assez forte courbe. Il devait en résulter une dépense totale de 2548 fr. Ce projet accepté par la ville de Marseille reçut la sanction du Préfet en 1855 ; « les prétentions « exagérées du propriétaire des terrains à « acquérir pour la rectification de l'ancienne

« chaussée retardèrent seules l'exécution des
« travaux (1) ».

Enfin, en 1871, le Conseil général ayant
accordé une subvention de 1500 fr. à la commune de Charleval pour la réparation de
l'*Allée du Bois*, le Conseil profita de cette
heureuse circonstance pour réclamer à la ville
de Marseille la différence entre cette somme et
celle de 2548 fr. primitivement fixée : soit,
1048 fr. Dans sa séance du 23 décembre 1871, la
Municipalité marseillaise émit un avis favorable à cette demande et vota les fonds.
La question semblait être solutionnée lorsque
le Conseil Municipal de Charleval, se ravisant
tout à coup, émit de nouvelles prétentions. Il
s'agissait d'une somme de 286 fr. portant exclu-
sivement sur la plus-value des terrains depuis
1849.

Pour en finir, la ville de Marseille voulut
bien consentir à payer ce supplément. « Il est
« probable, dit la Délibération du Conseil Mu-
« nicipal de Marseille, que devant un jury d'ex-
« propriation les prétentions du propriétaire
« n'obtiendraient pas gain de cause, mais la
« ville de Marseille ne peut y recourir, les

---

(1) Registre des Délibérations du Conseil Municipal de Marseille. Séance du 23 décembre 1871.

« frais absorberaient d'abord, et au delà, le
« bénéfice qui pourrait en résulter; et d'un
« autre côté, la commune de Charleval pourrait
« alors exiger que nous nous chargions égale-
« ment de l'exécution des travaux, et nous
« savons qu'en matière de travaux, l'exécution
« dépasse le plus souvent les prévisions. Il y
« a donc tout intérêt pour la ville de Mar-
« seille à passer purement et simplement
« à la commune de Charleval le supplément
« qu'elle réclame (1). »

Ainsi se termina le différend qui depuis si
longtemps divisait les deux communes : Marseille paya et Charleval fit exécuter la dévia-
tion du chemin comme 'elle l'entendit. Quelques années après — le 20 août 1877 — le
Conseil, étant donnée la pénurie des eaux de la
Jacourelle, fit des propositions à la ville de
Marseille à l'effet d'obtenir un volume d'eau
de 4 à 5 litres par seconde. Les démarches
traînèrent jusqu'en 1901, époque à laquelle
Charleval obtint une concession de deux
litres à la seconde.

---

(1) Archives municipales de Marseille. Registre des Délibérations. Séance du 10 octobre 1872.

Canal du Fuyant des Eaux
du Moulin de la Roque

Son ancienneté. — Transaction du 16 mars 1560.—
Débit et superficie arrosée. — Redevance annuelle.

D'après l'ouvrage si documenté de MM. Bertin et V. Audier (1), ce canal date de la fondation du village actuel de La Roque d'Antheron, en 1545. Il existait donc depuis peu, lorsque Adam de Craponne entreprit son œuvre géniale. C'était là pour lui un sérieux obstacle, car « il était impossible à Craponne « qui voulait placer sa prise en amont d'établir « son canal sans couper celui de la Commu- « nauté (2). » De nombreux pourparlers s'engagèrent, à la suite desquels — par la Transaction du 16 novembre 1556 — Adam de Craponne fut « autorisé à faire disparaître la prise « du canal du moulin, mais à charge de fournir « l'eau nécessaire (3) ».

Cette nouvelle combinaison dut considérablement favoriser les habitants de La Roque au point de vue des arrosages puisque — en 1560 — ils jouissaient d'un volume d'eau assez

---

(1) *Adam de Craponne et son Canal.* Pages 154 et 155.
(2) J.-B. Bertin et V. Audier. *Adam de Craponne et son Canal.* Page 154.
(3) **Id.** Page 171.

important pour pouvoir en céder une partie à
ceux de la Royère. Voici quels sont les termes
des principaux passages de la transaction consentie à cet effet, le 16 mars 1560 : « Le Seigneur
« de Forbin-Janson et ses sujets habitants des
« lieux de la Roque et Gontard permettent es
« dits habitants de la Rovière, prendre et con-
« duire et mener à leur propre profit particu-
« culier et à leurs propres coûts et dépens et
« moindre foule (1) que faire se pourra pour les
« dits habitants de La Roque, en leurs pos-
« sessions particulières l'eau venant à leur mou-
« lin de la Roque et tombant d'icelui, et icelle
« mener à leur terroir de la Royère pour en
« jouir et profiter à leur plaisir. »

« Seront tenus iceuls de la Rovière donner
« au dit sieur de Janson ou vrayment à noble
« Melchior Forbin escuyer son fils une cheyne
« d'or du poids et valleur de 25 escus d'or sol
« qu'ils lui espédieront au jour et feste de la
« Marie-Magdeleine prochain, et aux dits ha-
« bitants de La Roque pour leurs prétendus
« dommages et inthérets à souffrir par eulx
« pour la conduite de la dite eau par les par-
« ticuliers possesseurs de leur terroir depuis
« le dit moullin jusqu'au dict terroir de la Ro-

______

(1) Dommage, préjudice.

« vière, une pension de 50 florins (1) monnaie
« ayant cours en ce pays pour chacun an (2). »

L'acte stipulait en outre ; 1ᵉ que les habitants
de la Royère avaient la faculté de se racheter
de la pension annuelle moyennant le verse-
ment d'un capital de 600 florins ; 2ᵉ que ceux
de la Roque « dans les particulières possessions
« de leur terrain depuis le dit moulin jusqu'au
« terroir de la Royère » (3) se réservaient le
droit aux eaux du canal pendant deux jours par
semaine : le mardi et le samedi.

Les eaux de ce Canal donnent un débit de
375 litres à la seconde. Elles arrosent une
partie de la commune de La Roque, tout le
territoire de La Royère et le hameau de Bramejan dans la commune de Mallemort. Sa
longueur est d'environ 12 kilomètres.

La redevance à payer par les habitants de
La Royère est actuellement de 1385 fr.

---

(1) Environ 500 francs de notre monnaie. Le florin valait
alors 2 fr. 59, mais il faut tenir compte qu'au XVIᵉ siècle le
pouvoir d'achat était 4 fois plus fort qu'actuellement : c'est-à-
dire qu'avec un fr. d'argent on achetait 4 fois plus qu'aujour-
d'hui d'une marchandise quelconque. C. Leber. *Essai sur
l'Appréciation de la Fortvne privée au moyen âge.*

(2) Archives de la Préfecture et Archives de Charleval
(Dossier des arrosants de la Royère).

(3) Archives de Charleval (Dossier des arrosants de la
Royère.)

CHAPITRE XIV

Charleval moderne

Topographie. — « Caroli vallis » et Charlevalliens. — Les armoiries de la commune.
— Un peu de statistique. — Description
de Charleval. — Les bords du Canal. — Le
château. — Progrès modernes. — Les
« Pavillons ». — Situation économique. —
La garance, le chanvre et l'élevage des
vers à soie. — Conclusion.

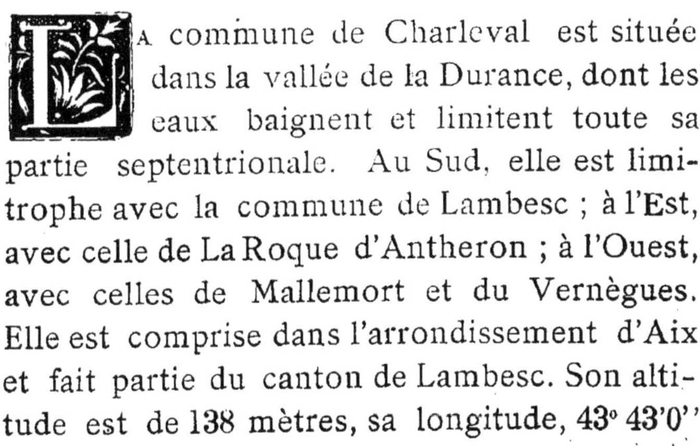

A commune de Charleval est située dans la vallée de la Durance, dont les eaux baignent et limitent toute sa partie septentrionale. Au Sud, elle est limitrophe avec la commune de Lambesc ; à l'Est, avec celle de La Roque d'Antheron ; à l'Ouest, avec celles de Mallemort et du Vernègues. Elle est comprise dans l'arrondissement d'Aix et fait partie du canton de Lambesc. Son altitude est de 138 mètres, sa longitude, 43° 43'0''

et sa latitude, 2° 54' 6" (1). Au point de vue physique elle forme deux régions distinctes : celle des plaines et celle des bois. L'ensemble de son territoire comprend environ 1500 hectares dont les quatre cinquièmes en terres cultivables et l'autre, en sol forestier.

On a vu comment, en souvenir de Charles de Lorraine, seigneur de Valbonnette, cette partie de la vallée prit le nom de Charleval, vallée de Charles (*Caroli vallis*). Les habitants sont donc *des Carlovallais,des Carlovalliens*, ou bien *des Charlevallais, des Charlevalliens*. Sauf en un provençal dénaturé où l'on dit, fort improprement, Charlevatenc, Charlevatenco (2) on ne se sert dans le pays d'aucun autre mot pour désigner les habitants ; ce n'est pourtant pas le choix qui manque.

Charleval n'avait pas d'armoiries. Sur notre proposition et avec l'autorisation de M. le Marquis de Jessé-Charleval, le Conseil Municipal vient d'adopter celles de César de Cadenet: « d'azur à un taureau ailé, furieux d'or » et comme devise celle que nous avons demandée à notre grand poète provençal : Frédéric Mistral.

(1) Villeneuve. — *Statistique des Bouches-du-Rhône,* Tome II, p. 1182.
(2) Mistral dans *Lou Trésor dou Felibrige,*dit : Charlevalen, Charlevalenco.

> « *Cesar de Cadenet l'ermas fague cava* ;
> « *A près d'alo despièi lou bióu de Charlava* »

C'est à dire : César de Cadenet fit défricher le lieu inculte et depuis Charleval a prospéré.

Le recensement quinquenal de 1902 accuse pour Charleval un total de 921 habitants dont 738, pour le village même et 183, dispersés dans les environs. Primitivement limitée aux 64 emphytéotes de la fondation, la population qui était déjà de 350 âmes en 1780, s'élevait à plus de 400 au moment de la Révolution. La réunion à la commune de Charleval, des territoires de Bonneval, Sainte-Croix et La Royère (1) fit monter ce chiffre à 500. En 1828, on comptait 625 habitants pour le village ; 43, pour Bonneval ; 30, pour Sainte-Croix ; 26, pour la Royère ; 31, pour les Chaffards ; et 6, pour la ferme de Montrésor (2). Enfin, en 1866, la population de Charleval atteint son maximum avec 1067 habitants.

Il ne faut pas chercher dans Charleval le pittoresque des vieilles cités provençales aux murs crevassés, aux maisons en ruines, aux ruelles tortueuses et étroites, grimpant en tire-

---

(1) Arrêté du Directoire Départemental en date du 14 Juin 1792.

(2) Villeneuve. *Statistique des Bouches-du-Rhône.* Tome II, page 914.

bouchon vers un plateau, jadis fortifié, comme celles d'Alleins, Rognes, Mallemort et du Vernègues. Le village bâti sur un plan uniforme se compose de cinq rues principales courant parallèlement au canal de Craponne. Elles sont traversées à angles droits par d'autres rues moins longues qui, venant de la gare ou du chemin de Grande communication n·4, vont aboutir à ce même canal de Craponne, formant ainsi de nombreux îlots.(1) L'aspect général est un peu celui d'un échiquier irrégulier dont deux côtés se prolongeraient en largeur.

On arrive à Charleval par le chemin de fer régional des Bouches-du-Rhône. La gare est située à l'entrée du village, tout près de la route de Lambesc que la voie ferrée sectionne en deux parties : au Midi. « *l'allée du Bois* : au Nord, la rue du Château. Cette division est absolument conventionnelle, la route de Lambesc n'en forme pas moins qu'une seule et belle avenue allant, sur un parcours de 800 mètres et en ligne droite, du village à la forêt. C'est un lieu de promenade très recherché.

La rue du Château commence au passage à

____

(4) La même rectitude existe dans la division des terres labourables. Les parcelles ou lots sont admirablement partagés et limités soit par des chemins qui se coupent, soit par les bornes primitives.

niveau, traverse tout Charleval en passant par la « *Place* » pour finir au château dont les formes architecturales limitent le village et l'horizon. C'est là une perspective qui impressionne agréablement l'étranger dès qu'il sort de la gare. Le chemin de Grande communication n·4 traverse également tout le village, mais dans le sens de la largeur. Le croisement de ces voies — principales artères du pays — constitue un carrefour très animé. Là, se trouvent les trois cafés, l'unique hôtel, les deux cercles, les salles de bal et de concert ; c'est le centre des affaires, celui des plaisirs.

Avant d'atteindre l'édifice dont elle porte le nom, la rue du Château forme une assez grande place à gauche de laquelle on remarque la nouvelle mairie (1), assez bel édifice quoique sans style bien défini ; à droite, l'église toujours dans l'état de délabrement signalé dans un chapitre précédent : c'est la « *Place* », le cœur du village, le siège de sa vie administrative et religieuse. Au milieu s'élève la Fontaine Monumentale surmontée du buste de M. de Cadenet, la face tournée vers la gare. Dans cette attitude, le Fondateur de Charleval semble vouloir souhaiter la bienvenue

---

(1) Elle fut construite en 1896 et coûta 12.000 francs.

aux étrangers, personnifiant ainsi les traditions de courtoisie et d'hospitalité si chères aux habitants.

A Charleval les rues sont fort larges, très propres et — pour la plupart — bordées d'acacias ou de platanes, ce qui les fait ressembler à autant de boulevards. Les anciennes et modestes demeures des premiers emphytéotes(1) disparaissent peu à peu pour faire place à des constructions plus modernes. Déjà quelques villas embellissent le pays : *Bon-Repos*, *Belle-Avenue* et *Belle-Vue*.

A l'extrême limite Ouest, en face la bifurcation formée par la rencontre des rues Saint-Césaire et Nationale, le village est terminé par une allée de platanes. Cette allée — prolongement naturel de la rue Saint-Césaire —est du plus gracieux effet. Elle est ornée d'un monument religieux et d'une assez belle fontaine comportant une vasque dans laquelle l'eau tombe par trois ouvertures. Jadis, avant de se fondre dans la rue Nationale, la route de Mallemort formait à cet endroit une espèce de coude, un angle dont le principal inconvénient était de masquer la perspective de la rue Saint-Césaire. En 1844, le

---

(1) Elles étaient construites en pisé. Celles qui existent encore comportent du côté du Levant, un revêtement en pierre.

Conseil Municipal obtint du Préfet la rectification du tracé de la route afin qu'à son arrivée à Charleval elle fût « en harmonie avec l'alignement de la rue Saint-Césaire qui traverse tout le village en ligne droite » (1). C'est aujourd'hui un des plus jolis endroits de Charleval.

Depuis peu de temps, on a disposé à l'Est du village — entre le nouveau lavoir public et le chemin de Grande communication n· 4 — un emplacement destiné à devenir plus tard le *Cours de la République*. Une fontaine monumentale couronnée du buste de la République en décore, dès à présent, le centre, de même que six rangées de platanes dessinent fort bien les futures allées, mais il manque à tout cela un cadre d'habitations, c'est-à-dire la vie, le mouvement (2).

Le Canal de Craponne limite les dernières maisons du village et coule entre deux talus plantés d'arbres séculaires. A la belle saison, ces arbres se couvrent d'une telle abondance de feuilles que d'une rive à l'autre elles forment une voûte de verdure interceptant les rayons du soleil. Les bords du canal de Craponne ne sont pas cimentés comme ceux du

(1) Archives de Charleval. Registre des Délibérations.
(2) La municipalité — prêchant d'exemple — y fait actuellement construire la nouvelle école de filles.

canal de Marseille et ce défaut de rectitude dans les lignes n'est pas un de ses moindres attraits car, en se développant librement, les racines des plantes torment à fleur d'eau, des arabesques dont les multiples caprices réjouissent l'œil. Sa largeur, sa rapidité, le charme agreste de ses bords accidentés donnent à ce canal des allures de rivière.

A son arrivée à Charleval, surtout, l'illusion est complète ; en digne fils de la Durance le canal de Craponne a voulu y posséder une *isclo*. Et combien verte et fraîche ! Devant cet obstacle naturel, il se partage en deux branches et son allure en est quelque peu ralentie. On dirait qu'avant de pénétrer dans le village, il a voulu — suprême coquetterie — s'arrêter un moment pour réparer les désordres causés par une longue course. Aussi, lorsque à quelques mètres plus bas, les eaux se confondent à nouveau, le canal a-t-il réellement l'air digne et majestueux d'une rivière traversant une ville. La rue du Château y vient aboutir juste en face le pont donnant accès au Château, A gauche de ce pont, sur la berge méridionale, se dressent les vieux murs de l'ancien moulin (1)

---

(1) Il possédait deux jeux de meules et deux blutoirs mus par une roue à la Poncelet. Sa force était de 12 chevaux. Le moulin pouvait moudre 240 litres de blé à l'heure.

dont la roue encore à peu près intacte baigne mélancoliquement dans l'eau ses rayons désormais inactifs. Jadis c'était là un lieu de grande animation, à cause du moulin d'abord et du puits communal qui se trouvait alors placé dans l'avant-cour du château.

Ce château, superbe édifice que M. E. Bonnefoy (1) fit bâtir en 1856 sur l'emplacement de l'ancienne demeure seigneuriale, mérite une description particulière. Il est situé, comme nous l'avons dit, à l'extrémité du village, sur la rive droite du canal de Craponne et au point terminus de la rue du Château, prolongement de la magnifique *Allée du Bois*. Son architecture est un curieux mélange de Gothique et de Renaissance où domine pourtant ce dernier style ; sa forme est celle d'un grand quadrilatère aux angles flanqués de tours rondes. La façade principale est percée de cinq ouvertures avec motif central. Un gracieux balcon orné d'une balustrade en pierre ajourée décore le premier étage. La toiture, en pente très accentuée, comporte quatre tourelles donnant une silhouette assez agréable. Il coûta 350.000 francs. Un grand parc planté de peu-

---

(1 Le père de M. Bonnefoy avait acheté en 1848 toutes les propriétés possédées dans Charleval par M. de Jessé, héritier des Cadenet.

pliers fait suite au château. Deux belles allées de platanes s'y croisent vers le milieu près d'un joli bassin formant le centre. A droite et à gauche, des massifs de verdure, des parterres fleuris, complètent ce joli ensemble.

La veuve de M. Bonnefoy vendit le château et ses dépendances, en 1885, à M. Bosc, le propriétaire actuel.

Charleval est traversé par deux canaux d'arrosage : ceux de Craponne et du Fuyant du Moulin de La Roque ; un canal d'alimentation, celui de Marseille. Ce dernier dessert une vingtaine de fontaines dont trois monumentales. Un bassin de décantation situé un peu au-dessous de la prise permet de donner à l'eau une grande limpidité. Toutes les fontaines sont à double canalisation, c'est-à-dire qu'on peut tour à tour les alimenter avec les eaux du Canal de Marseille ou avec celles de la Jacourelle. Le temps n'est plus où *Villeneuve* parlant de ce village disait : « Il ne manque-« rait rien à l'agrément du pays, s'il y avait une « seule fontaine ; l'eau de source pourrait y « venir de la montagne de Valbonnette qui « en est malheureusement trop éloignée. » (1)

Ainsi, déjà en 1824, Charleval passait pour

____

(1) *Statistique des Bouches-du-Rhône*. Tome II, page 943.

être un séjour agréable. Que d'embellissements depuis : le nouveau château et son parc, la Fontaine Monumentale, la Mairie, le Cours de la République, l'Ecole communale de garçons. Que de commodités : le canal de Marseille, celui de la Jacourelle, le Chemin de fer régional, la Poste, le Télégraphe, le Téléphone, les passerelles en fer sur Craponne, etc... Si l'on ajoute à cela l'uniformité des maisons, l'absolue propreté des rues, leur largeur, les délicieuses promenades de *l'Allée du Bois* et des *Bords de Craponne*, le voisinage de la forêt, enfin, la beauté des sites environnants on conviendra que Charleval est aujourd'hui un des villages les plus agréables de la Provence.

Quelques-uns des progrès dont nous parlons plus haut, sont récents. Ils ont été réalisés sous la sage administration du maire actuel, M. C. Castellan ; sur son initiative, le Conseil Municipal vient de traiter avec une importante Société d'électricité et bientôt Charleval jouira de cet éclairage moderne.

La fortune territoriale de Charleval peut se diviser en deux grandes moitiés : l'une appartenant à MM. Monier, Bosc et Mistral, frères ; l'autre, aux habitants. Ces derniers, agriculteurs pour la plupart, sont presque tous propriétaires d'un ou plusieurs lots de terrain. Ceux qui ne sont pas cultivateurs — les commerçants, les rentiers — possèdent au moins un « *Pavillon* » sur les bords du canal de Craponne On appelle ainsi des jardins potagers comportant généralement une mignonne maisonnette en forme de pavillon : c'est le cabanon marseillais, le bastidon aixois. Si quelques-unes de ces constructions ne sont que de simples abris, il en est d'autres — et c'est le plus grand nombre — qui ont réellement l'air de délicieuses petites villas.

Ces jardins placés les uns près des autres, la variété de leur culture, le plus ou moins d'importance donnée à la bâtisse, forment un tableau très pittoresque. On dirait la minuscule banlieue d'une ville lilliputienne. Vu des dernières maisons au Couchant du village, le spectacle est bien fait pour tenter le pinceau d'un peintre. Au premier plan, le Canal de Craponne roulant tranquillement ses eaux dont le reflet bleuâtre contraste avec les teintes plus sombres du paysage. Puis la série des coquets *Pavillons* entourés de leurs jardins. Nul ordre, si ce n'est le hasard, n'a présidé à leur édification ; il en résulte un mélange bizarre de verdure et de constructions sur lequel le rouge ardent des tuiles, l'éclatante blancheur des murs, le vertcru des volets et des portes jettent et confondent leurs vibrantes couleurs. Derrière les « *Pavillons* » un peu à gauche, le hameau des « *Chaffard* » annonce la limite de la zone habitée. Alors, c'est la campagne déroulant son riche manteau d'émeraude dans la lointaine perspective de la vallée. Enfin, le Lubéron, toujours beau, toujours majestueux dans sa demi-teinte vert-pâle un peu violacée.

Charleval n'est pas un village industriel. En 1888, une tentative fut faite pour y établir une fabrique de conserves alimentaires à l'exemple de celles qui existent à Lambesc et à Mallemort. Une maison de Clichy-la-Garenne (Seine) envoya de Paris tout le matériel nécessaire et loua une grande remise pour l'installation provisoire de l'usine. Afin de limiter les premières dépenses et assurer ainsi la réussite de l'entreprise, on avait fort sagement décidé de se borner tout d'abord à la seule préparation des tomates (1) très abondantes dans le pays et par cela même d'un prix peu élevé. En plus du personnel dirigeant venu de Paris, une centaine de femmes et une dizaine

______

(1) Le territoire de Charleval est renommé pour la bonne qualité de ce fruit. « Qui ne connaît, au moins de réputation, les asperges de Lauris, les tomates de Charleval ». J. Bertin et V. Audier. *Adam de Craponne et son Canal*. **Page 100**.

d'hommes furent recrutés dans Charleval pour être employés, soit aux travaux de manipulation, soit à la fabrication des boîtes métalliques. Cette usine fonctionna pendant trois mois donnant une production journalière de 1000 boîtes de un kilo. Malheureusement — le chemin de fer ne traversant pas encore Charleval — le transport par charrettes jusqu'aux gares de Lamanon, Sénas ou Orgon — dévorait la plus grande partie des bénéfices. C'est là une des principales causes de la fermeture de l'usine.

L'agriculture constitue donc pour les habitants la principale branche de revenus. Le territoire de Charleval est surtout riche en froment, vignes et plantes fourragères. Le jardinage et l'horticulture y donnent aussi de bons résultats de même que la culture du tabac.

Jadis, la garance couvrait une bonne partie du territoire et constituait une source de bénéfices pour le pays. Les auteurs de la *Statistique* parlant de cette rubiacée et de son acclimation en Provence affirment qu'après avoir été introduite dans le Comtat elle fut « cultivée à « Charleval et à Orgon deux ans après. Ces « essais — ajoutent-ils — n'eurent pas de « suite. Ce n'est que depuis les guerres de la « Révolution, vu la difficulté de se procurer

« du Levant, la quantité nécessaire à nos manu-
« factures, que les cultivateurs se sont mis à la
« soigner en grand dans notre département.
« Les profits furent d'abord considérables et
« des villages comme Charleval et Sénas lui
« ont dû un notable accroissement de popu-
« tion. » (1) La découverte de l'alizarine arti-
ficielle est venue arrêter net cette importante
source de bénéfices.

La culture du chanvre donnait aussi, dans
le temps, d'assez bons résultats et, si à cause
de son peu de valeur commerciale, cette plante
textile ne rapportait pas beaucoup, du moins
elle rendait de précieux services car — toujours
d'après la *Statistique* — chaque habitant de
Charleval faisait annuellement sa pièce de
toile avec le chanvre de sa récolte (2).

Depuis 1815, Charleval est compris sur la
liste des trente communes du Département
autorisées à cultiver le tabac. Cette plante
couvre aujourd'hui une superficie d'environ
trois hectares pour un rendement de 9000
kilos.

Les habitants de Charleval pratiquèrent pendant longtemps, et avec succès, l'élevage des vers

---

(1) Villeneuve — *Statistique des Bouches-du-Rhône*. Tome
IV, page 409.
(2) Id. Tome IV, page 403.

à soie. Avant 1864, on y faisait annuellement 1000 onces de graines produisant après l'incubation, environ 20.000 kilos de cocons. Les maladies microbiennes — la *pébrine* surtout — en détruisant les vers à soie vinrent ruiner les éleveurs. On arracha les mûriers pour les remplacer par des vignes; rien qu'à Bonneval on en détruisit plus de 80.000 pieds.

Aujourd'hui, grâce à la « *pasteurisation* » des graines, aux primes d'encouragement accordées par le gouvernement, la sériciculture a pris un nouvel essor. Mais Charleval n'ayant plus de mûriers et devenant par ce fait tributaire des communes voisines, cette industrie est loin d'y être aussi florissante qu'autrefois.

D'après les états fournis annuellement par la commune aux archives départementales et les éléments de comparaison qu'ils renferment, la situation agricole de Charleval est depuis quelque temps satisfaisante. Elle va même sans cesse en progressant ; ainsi, la récolte du froment qui, en 1885, était de 2250 quintaux, est de 3000 quintaux en 1904. Si, depuis cette époque, l'avoine et les légumes ont un peu diminué, par contre la culture maraîchère, le jardinage, l'horticulture ont augmenté au point de représenter un rendement annuel de 25.000 francs. Les vignes ont doublé, le tabac a triplé.

Malgré tous les contretemps subis, malgré une légère diminution dans le chiffre de sa population, Charleval est en pleine prospérité. Les revenus de la commune qui étaient de 852 francs en 1803, s'élèvent maintenant à plus de 15.000 francs, et son budget si souvent en déficit (1), se règle chaque année par un important excédent de recettes. La terre ne se montre plus rebelle à la main qui la soigne et le cultivateur laborieux y trouve la juste compensation de ses peines. L'avenir sourit à Charleval.

Cette amélioration budgétaire de la Commune, et surtout son heureuse influence sur le bien-être de la population, remontent au milieu du XIX° siècle, c'est-à-dire à peu près vers l'époque de la construction de la Fontaine Monumentale. Il semble qu'en plaçant au milieu d'eux le buste du Fondateur du village, les habitants aient enfin conjuré le mauvais sort qui jusque-là s'était acharné sur eux. Puissent-ils, en gardant soigneusement gravé dans leurs cœurs, le souvenir des bienfaits de César de Cadenet, conserver à ce talisman de bonheur toujours sa même puissance.

FIN

---

(1) Voir le tableau comparatif des budgets de la Commune à la fin du présent ouvrage.

TABLEAU COMPARATIF

de quelques Budgets de la Commune de Charleval

ANNÉES (1)	RECETTES	DÉPENSES	EXCÉDENT	DÉFICIT	OBSERVATIONS
1747	906 liv.	719 liv.	187 liv.	»	
1749	749 liv.	801 liv.	»	52 liv.	L'Assemblée décide que le sieur Jacquier, trésorier, fera l'avance du manquant et se paiera sur les premières recettes.
1769	69 liv.	1244 liv.	»	1175 liv.	Pour couvrir le déficit, le Conseil vote l'imposition d'une taille de 3 livres 10 sols par charge de terre.
1790	240 liv.	1697 liv.	»	1457 liv.	
1803 an XII	852 fr.	1146 fr.	»	294 fr.	Plus 77 francs dus au citoyen J.-B. Aubert pour 2 années et 3 mois de ses honoraires de fourrier ou trompette de la commune.
1824	1658 f. 50	1657 f. 22	1 f. 28	»	
1832	3037.00	2531.00	506.00	»	
1842	3634.00	3909.00	1725.00	»	
1852	5674.00	5358.00	316.00	»	
1859	6194.00	6194.00	»	»	
1870	8787.00	9696.00	»	909 fr. 00	
1880	19927.77	14594.71	5333.06	»	
1902	15261.62	14670.63	590.99	»	

(1) L'absence de renseignements précis ne nous permettant pas de donner le budget de chaque année, ni même d'en dresser la liste par intervalles réguliers, nous avons, autant que possible, choisi les époques coïncidant avec un accroissement de population.

Table des Matières

IMPRIMERIE CABIRAN

Rue Thubaneau, 1

www.ingramcontent.com/pod-product-compliance
Ingram Content Group UK Ltd.
Pitfield, Milton Keynes, MK11 3LW, UK
UKHW022328090726
13658UKWH00001B/138